激せまキッチンで楽ウマごはん

草野かおる

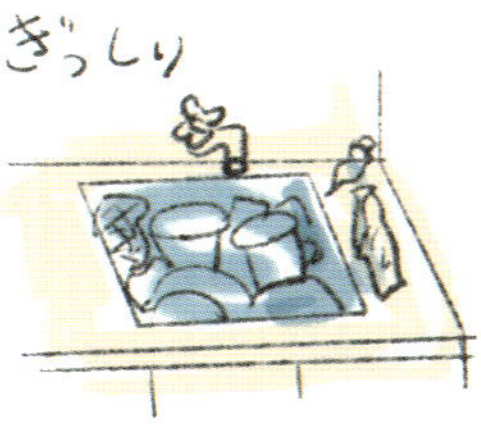

健康な「食」こそが美人の源です。

キッチンが激せま。

コンロがひとつしかない。

狭い流しの三角コーナーに生ゴミがあふれている。

調理スペースがまな板1枚分しかない。

買った食材がいつも無駄になる。

生ゴミからゴキブリが出た！

ファストフード、コンビニ弁当飽きた。

忙しくて買い物も出来ない。お金にも余裕がない。
繊維質が足りないので便秘がちで肌荒れ。
ビタミン不足のせいか風邪をひきやすい。
野菜の食べ方が分からない。
時間がない。手際が悪い。不器用。
料理に自信がない。レシピがとにかく少ない。
そんな人を応援します。

「激せまキッチン」で
美味しく健康的な
ごはんをつくりましょう。

ひとり暮らし始めました

朝は湯を沸かすだけで精一杯
インスタントコーヒーのカフェオレとシナモンロール
小さなシンクは洗い物でいっぱい
ぎっしり
=3 =3
ゴミはなかなか出せない
生ゴミの日だった
通勤ラッシュがすし詰め
ヒィ〜
昼休み、コンビニのレジ列は長い
ながっ
おしゃれなランチは財布に厳しい
カフェごはん
¥1500-
む〜ん
午後はコーヒーをやたら飲む
ワイワイ

会社には「お土産」がつねにあり
田中さんから
と、いうことは私も買ってこなくっちゃってことか
OLの引き出しにはお菓子がある
クッキー
へ〜
会社に入ったらグルメ情報に詳しくなった
せんぱいのインスタかわいい
話題のパフェ
帰りの駅で思わずジュースを飲む
いやし〜
買った野菜はほっとくと「液体」になるのを知りました
げっ
もとキューリ
ツードア冷蔵庫の冷凍室になぜか分厚い霜が…
キラキラ
霜ってつくのね
時々お菓子が夕飯になる
ながらスマホジャンク
持ち帰り弁当やカップ麺のゴミってかさばる
けしき
ゆるっ

ある日のごはん

今日のコスパ……2290円
（調味料、光熱費含まず）

朝
シナモンロール
インスタントコーヒー……180円

お昼
おにぎり2個　唐揚げ
プリン　ペットボトルお茶……750円

間食
コーヒー2杯……200円
チョコレート　グミ……250円
季節のジュースMサイズ……280円

夕飯
のり弁……390円
ポテトチップスと炭酸水……240円

とも姉《ねえ》 & ひなちゃん

プロフィール

本田知子（28歳）

「ミニマリスト」の生活を目指す

青葉ひなの（22歳）

社会人一年生 仕事で精一杯の日々

本田知子

- ひとり暮らし歴
  8 年
- 料理
  簡単な健康料理が
  得意
- 趣味
  「マクロビオティック」
  「ヨガ」
  「読書」
  「ひとり旅」

青葉ひなの

- ひとり暮らし歴
  半年
- 料理
  やる気はあるが
  苦手
- 趣味
  「ネットサーフィン」
  「カフェめぐり」

contents

第一章 激せまキッチンでひとり暮らし始めました

第二章 激せまキッチンでもこんなに料理が作れます

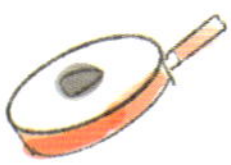

めんつゆ
味ぽん

第三章 ひとり暮らしを楽しく、快適に過ごすために

第一章

激せまキッチンでひとり暮らし始めました

フライパンとレンジだけで、ごちそうワンプレート

彼女はお隣の「本田知子」さん
とも姉《ねえ》
なにかとお世話になっている"姉"的存在
とも姉も同じ1Kの激せまキッチンなんだけど
とも姉はおべんとう生活
なぜか食生活が充実しているんだよね
どうした？疲れた顔して
ごはんちゃんと食べてる？
おじゃまします
キッチンもスッキリしてるし…
晩ごはんなにもなくてコンビニまで行くところ
はは…ちなみにお昼もコンビニだった
10分もあれば出来るよ！ひなちゃん手伝って
ラジャー！
今から夕ごはんだからよかったら一緒に食べる？
やったー♥
おいで
とも姉がスーパーで買ったものと冷蔵庫にあるもので夕ごはん
ほうれん草
かんそうわかめ
玉子
冷凍ご飯
とうふ
プチトマト
うすぎりの豚肉

どっちにしようかな〜
しょうが
にんにく
ひなちゃん ニンニク 食べても平気？
うん 明日休みだし
ゴロゴロして 仕事の疲れを 癒やす予定
疲れているなら
ニンニクを入れた 元気チャージ プレートを作ろう
調理道具は フライパンと 電子レンジだけだよ
ひなちゃん 冷凍ごはんをレンジで 温めてお皿にのせて
チン！
ハーイ
フライパンに オリーブオイルを 入れて
いっきに行くよ
ほうれん草をソテー 卵は 目玉焼きにする
ほうれん草は塩コショウ 目玉焼きはそのまま 皿に乗せる

同じフライパンで薄切りの豚肉を焼く
半分くらい焼けたところで一旦火を止める
フライパンの端に肉を寄せる
空いたスペースに
めんつゆを入れたあと、チューブのニンニクをひとまわし入れ
再び火をつけて「タレ」をひと煮立ちさせたら
ハジに追いやった肉にタレを絡める
ここで肉に火が通る
タレに絡めた肉はご飯の上にドーンとのせる
残りのタレもまわしかける
プチトマトをのせて
白ごまをふって完成だよ
ごま
「ごちそうワンプレート」の
出来上がり!
ロコモコ丼みたい♡

味噌汁も作ろう
味噌や豆腐も疲労回復にいいよ
3パック入りの小さいお豆腐をスプーンですくって
マグカップに
乾燥わかめと水、液体味噌を入れて
とうふ
わかめ
電子レンジで加熱する
チン!
「豆腐とわかめの味噌汁」の出来上がり
カフェ・とも姉旨だれポークの
ごちそうワンプレート出来上がり
黄身を潰すととろっと…
お肉とご飯にからまって…
おいしいです~
元気がでます

「ごちそうワンプレート」

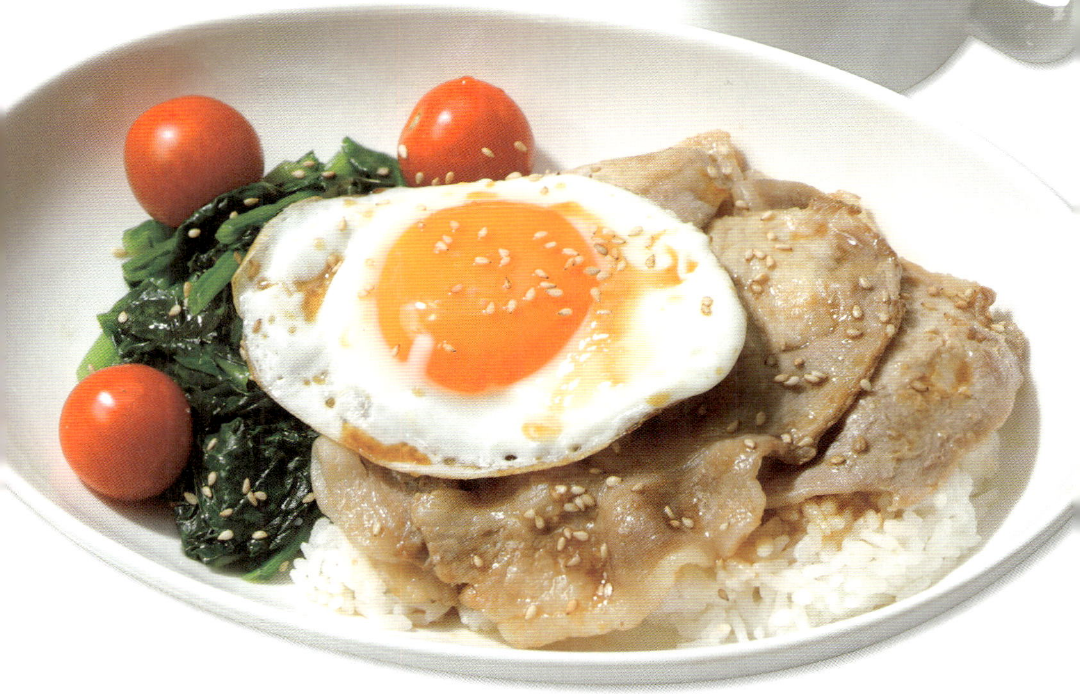

¥ 今日のコスパ ¥
（調味料、光熱費含まず）

冷凍ごはん（2膳分）	60円
豚薄切り（1パック）	300円
卵（2個）	30円
豆腐（1パック）	30円
プチトマト（6個）	50円
わかめ（ひとつまみ）	10円
ほうれん草（5株）	70円

一人前290円なり

キッチンバサミで作れるカルシウムたっぷり定食

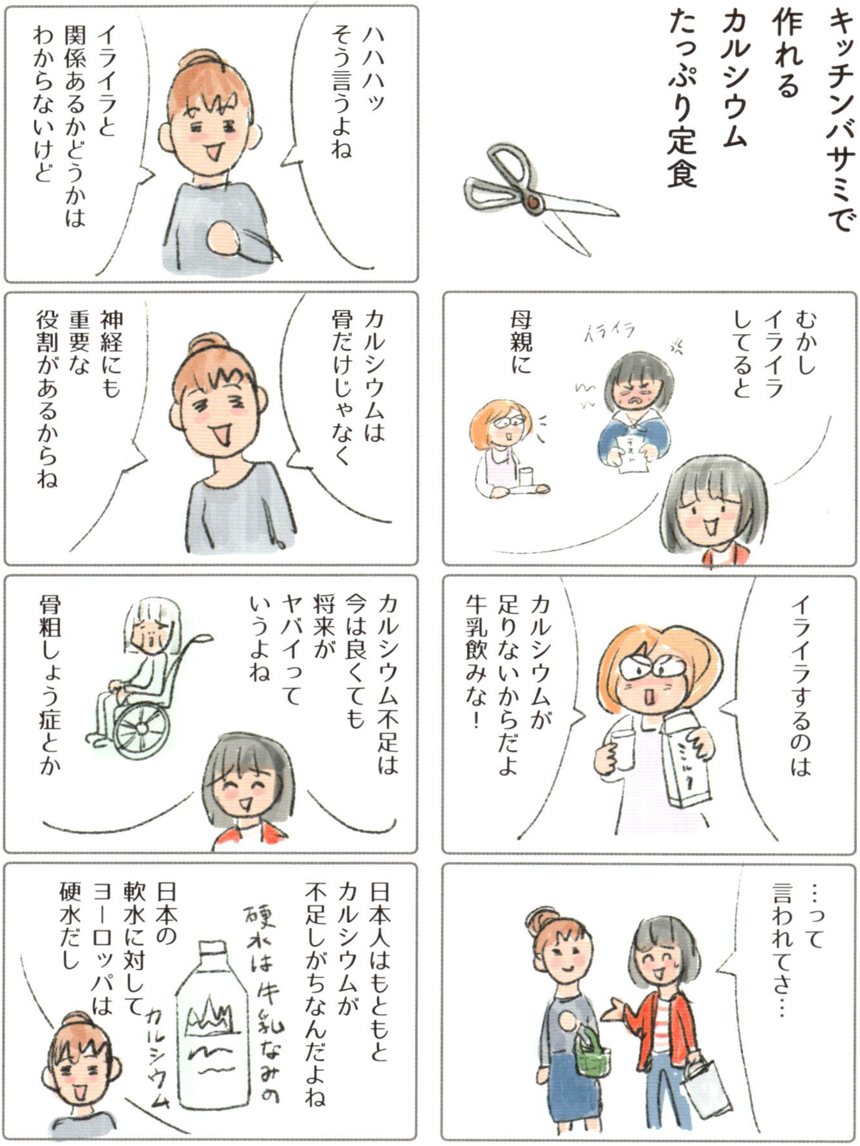
むかしイライラしてると
イライラ
テスト
母親に
イライラするのは
カルシウムが足りないからだよ牛乳飲みな!
…って言われてさ…
ハハハッ そう言うよね
イライラと関係あるかどうかはわからないけど
カルシウムは骨だけじゃなく
神経にも重要な役割があるからね
カルシウム不足は今は良くても将来がヤバイっていうよね
骨粗しょう症とか
日本人はもともとカルシウムが不足しがちなんだよね
硬水は牛乳なみのカルシウム
日本の軟水に対してヨーロッパは硬水だし

日本人の食事も
欧米化もあって
昭和のごはん
青菜
めざし
麦ごはん
海そう
いりこ
チーズ、小魚、青菜
海藻、豆腐、胡麻にも
カルシウムが多いよ
厚揚げは栄養が凝縮してるし
カルシウム不足に拍車がかかっているんだよね
ファストフード
淡色野菜のサラダ
それと吸収をよくするためにも
バランスのいい食事が大切なんだよね
でも…牛乳とかは苦手なんだ…
おなかこわしちゃうんだよね
牛乳
今日はカルシウムたっぷりごはんを作ろう
レッツ昭和のごはん!
牛乳以外でカルシウムの多いものって何がある?
私でも出来る
カンタン料理でお願いします

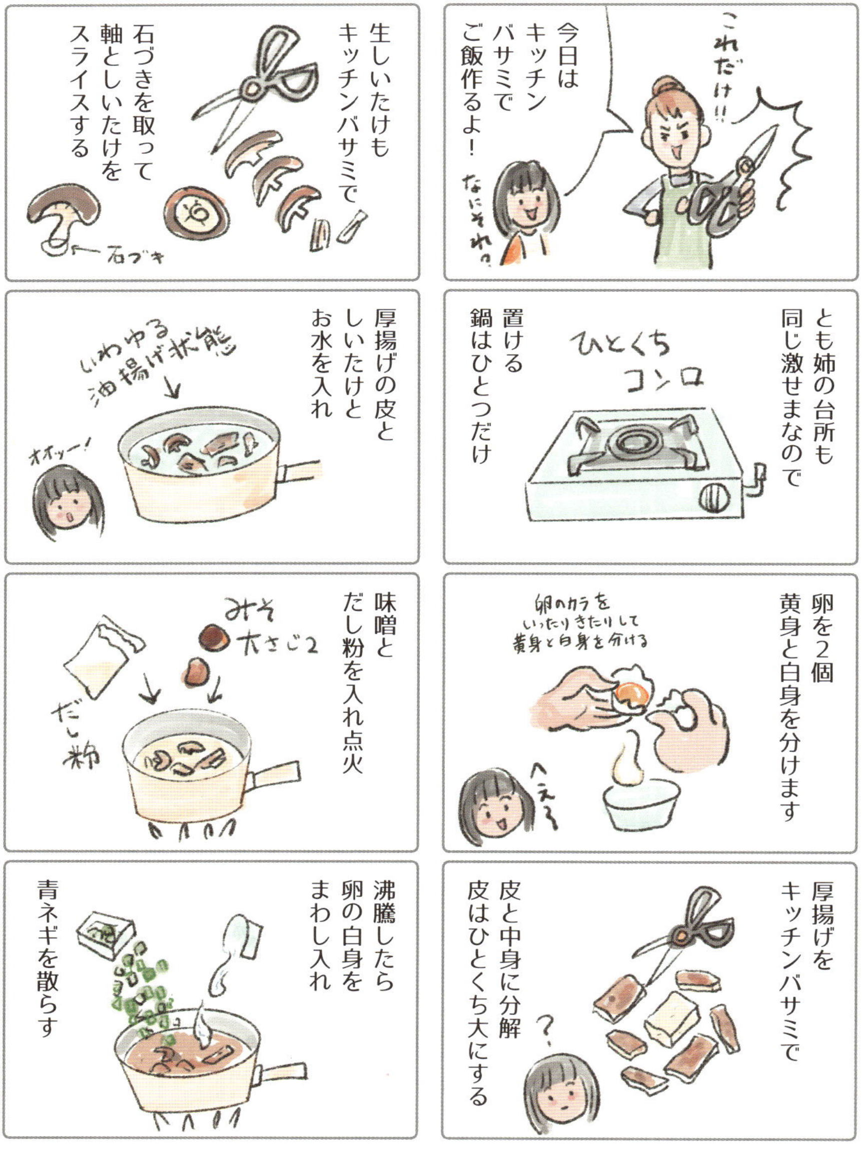
今日は
キッチン
バサミで
ご飯作るよ！
これだけ!!
なにそれ?
とも姉の台所も
同じ激せまなので
置ける
鍋はひとつだけ
ひとくち
コンロ
卵を2個
黄身と白身を分けます
卵のカラを
いったりきたりして
黄身と白身を分ける
へえ～
厚揚げを
キッチンバサミで
皮と中身に分解
皮はひとくち大にする
?
生しいたけも
キッチンバサミで
石づきを取って
軸としいたけを
スライスする
←石づき
厚揚げの皮と
しいたけと
お水を入れ
いわゆる
油揚げ状態
オオッー！
味噌と
だし粉を入れ点火
みそ
大さじ2
だし粉
沸騰したら
卵の白身を
まわし入れ
青ネギを散らす

「具だくさん味噌汁」完成！
オオッー！
茹でておいたほうれん草を加え
冷蔵庫のレギュラーメンバー
厚揚げの中身はポリ袋に入れる
水切り豆腐と同じ
今度は優しく混ぜる
空気を入れてポンポンと
ポリ袋に入れた厚揚げの中身に
すりゴマ、塩
砂糖代わりの蜂蜜を
加えて
「ほうれん草の白和え」が完成！
ポリ袋の上からよく手で揉む
いわゆる和え衣ができる
白和えってこうやって作るんだ
すごっ
簡単に作ってるけどね

電子レンジで
熱々にしたごはんを
お茶碗に
移して
チン！
ごはんの上に
かつお節と
刻み海苔をちらし
釜揚げしらすを
たっぷり乗せ
真ん中を
ちょいと
凹まさせ
凹みに卵の黄身を
乗せ
青ネギを散らせば
「釜揚げしらす丼」が
完成！
とも姉
お手製の
ぬか漬けを添えて
「しらす丼定食」完成
生しらすは
季節があるけど
しらす干しは
一年中出ているから
便利な食材だよ
おいしい
カルシウムだ〜

カルシウムたっぷり
「しらす丼定食」

今日のコスパ
（調味料、光熱費含まず）

冷凍ご飯（2膳分）	60円
しらす（1パック）	200円
厚揚げ（1個）	70円
卵（2個）	30円
青ネギ他薬味（少々）	20円
しいたけ（1/2パック）	70円
ほうれん草（4株）	80円

一人前250円なり

ところでシラスって魚のなまえ？
しらすはイワシの赤ちゃんだよ

しらすを使った「湘南っぽいカフェ・トースト」

しらすひとパック
使い切る自信ないいな～
しらすってクセないから
なんでも合うよ
しらす乗せるだけレシピ
シラス冷やっこ
シラスキムチ
シラスなっとう
卵に混ぜてしらす入りの玉子焼きもお弁当の定番だよ

「しらすトースト」

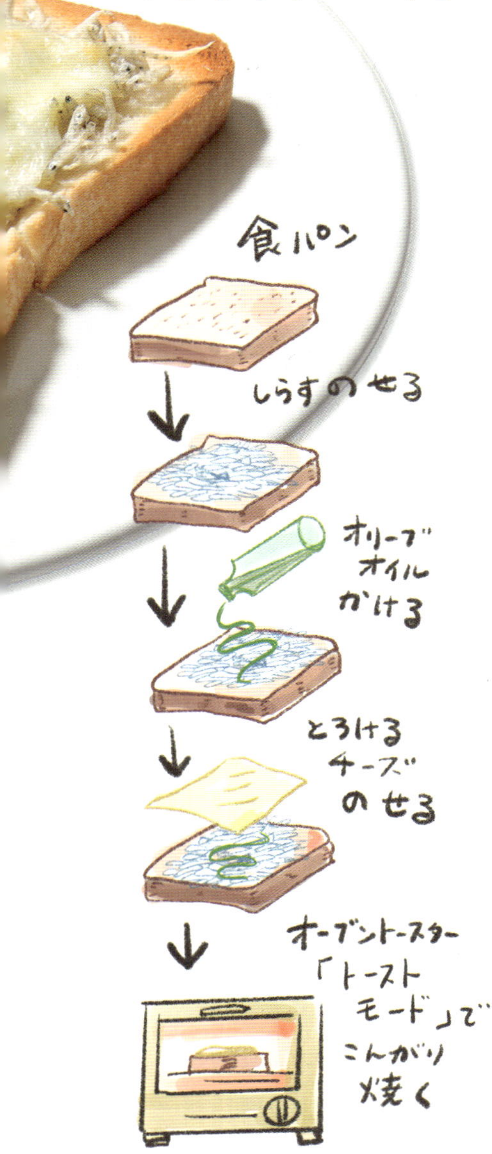
食パン
しらすのせる
オリーブオイルかける
とろけるチーズのせる
オーブントースター「トーストモード」でこんがり焼く

きゅうり
せん切り
しらす
のせる
かつお節
のせる

これって
湘南のカフェの
メニューみたい

「しらすサラダ」

味ぽん
ぽん酢を
かける

さっぱり
食べられる

激せまキッチンの作業ルール

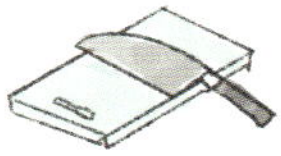

流しには
ジャマな物は
置かない

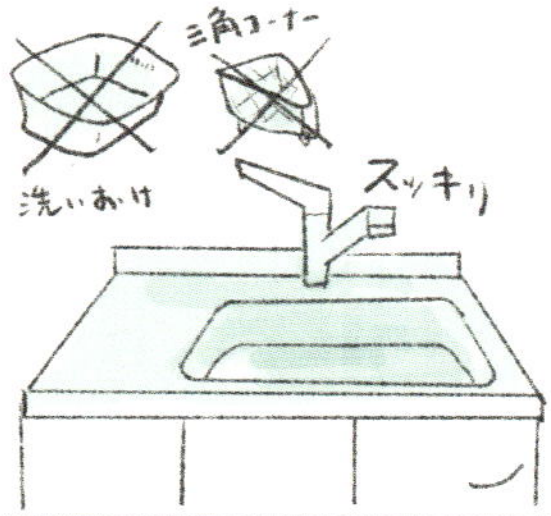

作りおき惣菜を
作る場合は

テーブルに
タッパーを並べる

冷凍具材を作る場合は

キッチンポリ袋を
並べる

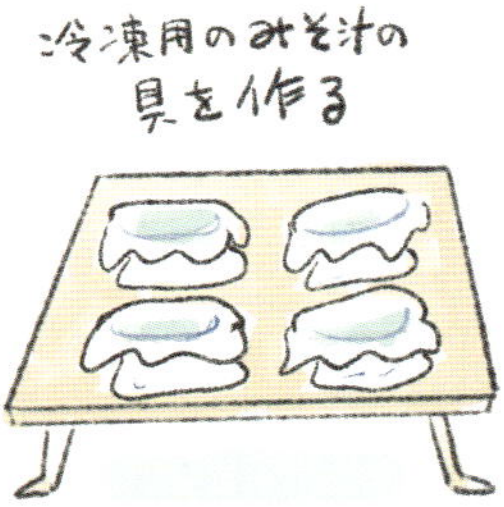

兼用できるものは
兼用する

ごはんは
まとめて炊いて

湯気ごとラップする
冷まして冷凍する

生ゴミはポリ袋に
入れながら作業

ゴミは
こまめに処理

一気に
作って
料理の
生ゴミは
一気に処分

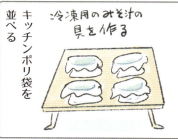

基本作業は3ステップ

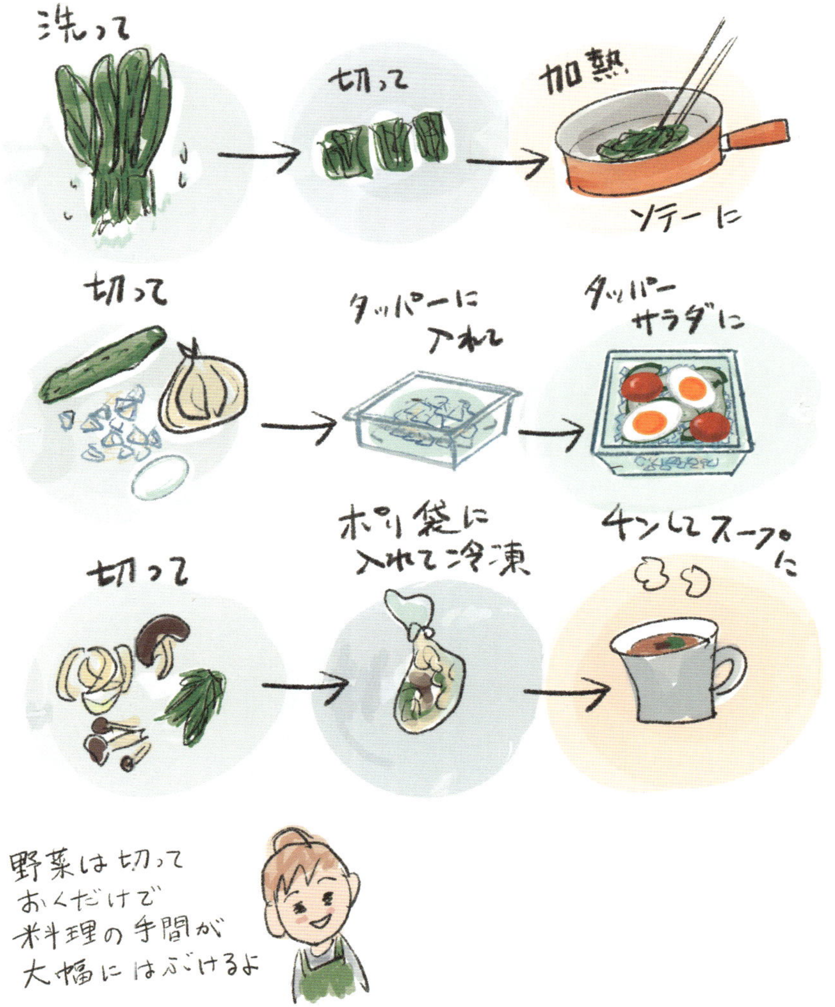
洗って
切って
加熱
ソテーに
切って
タッパーに
入れて
タッパー
サラダに
切って
ポリ袋に
入れて冷凍
チンしてスープに
野菜は切って
おくだけで
料理の手間が
大幅にはぶけるよ

ひとりご飯の調理道具、これだけあれば大丈夫！

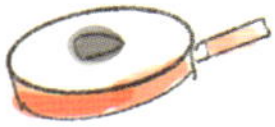

私も仕事が忙しかった時期があってね…
スナックを食べながら連日残業
部屋に帰って寝るだけの生活

ひとり暮らしを始めた頃は料理本を買って…
えーと
いろいろやったんだけど
料理する気も失せてファストフードや外食ばっかり
飲みほー♡
食べほー♡
5日連続からあげ弁当
とにかくコンロがひとつだから時間はかかるわ、みそ汁は冷めてるわ、流しが狭くて鍋とお皿洗えなくて片付かないわ、イライラするわで食材も無駄にするばっかりで…
もういやっ
でもそんな生活を続けているうちに
太った〜
便秘や肥満、肌荒れ体調不良になって仕事にも影響しちゃって…
「自炊生活」は早々に戦線離脱しちゃったんだよね…
空腹をみたすだけ
ゴミがふえる
だから、ひなちゃんを見てると
はあ〜
かつての自分を見ているみたいで…

とも姉も
そんな時期が
あったんだ
でも
今は
料理上手
だよね
ありがとう
自己流の
カンタン料理だけど
時々一緒に
ご飯作ろっか
コスパも
大事な要素だから
割り勘で
その方がお互い
気を使わないから
ぱあ〜
嬉しい!
ありがとう!
とも姉!
買い物は
旬の材料を意識
といっても、
今や何が旬か
わからない
とりあえず
国産の野菜や果物で
新鮮で安かったら
きゅうり
5本¥100
旬と思えばいい
意識するのは
緑黄色野菜
根菜類
にんじん
ごぼう
青菜
旬とか
根菜とか
頭に
なかった
ファストフードや
コンビニばかり続くと
栄養がかたよるから

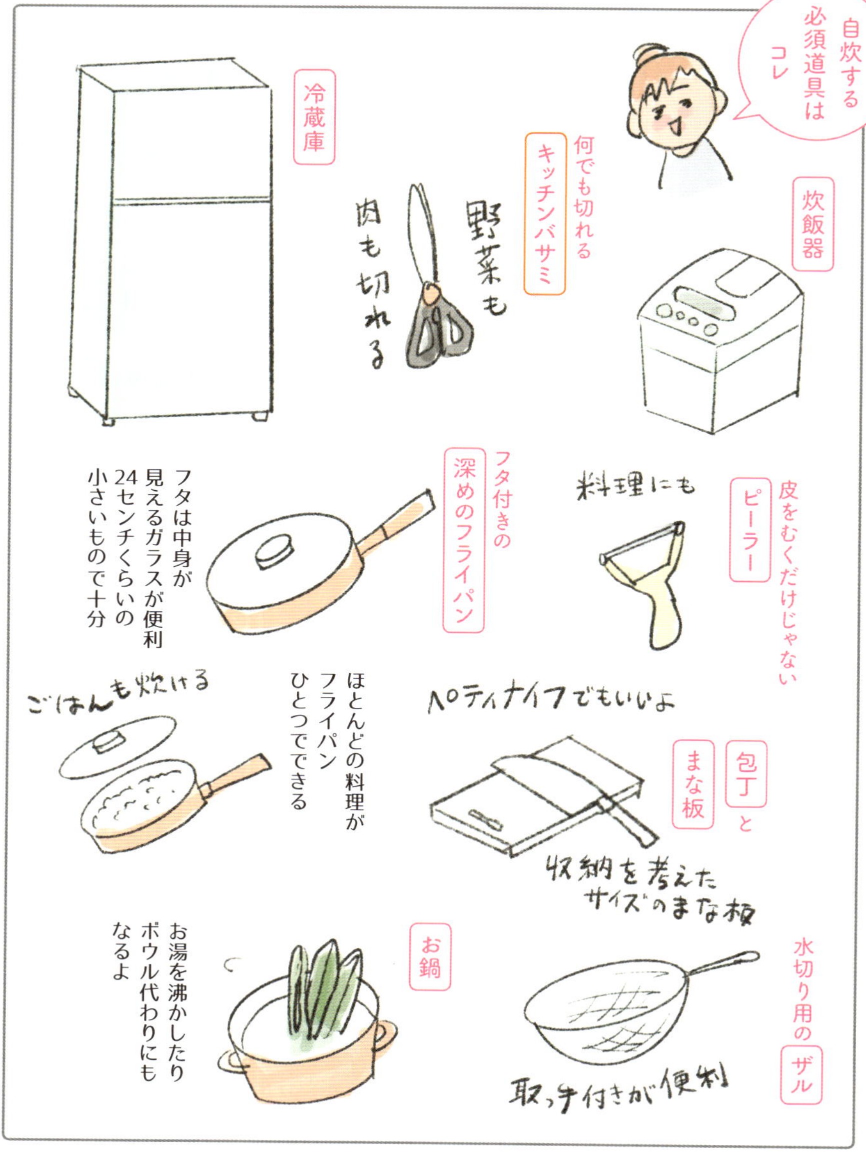
自炊する必須道具はコレ
炊飯器
何でも切れる
キッチンバサミ
野菜も肉も切れる
冷蔵庫
皮をむくだけじゃない
ピーラー
料理にも
フタ付きの
深めのフライパン
フタは中身が見えるガラスが便利
24センチくらいの小さいもので十分
包丁と
まな板
ペティナイフでもいいよ
収納を考えたサイズのまな板
ほとんどの料理がフライパンひとつでできる
ごはんも炊ける
水切り用の
ザル
取っ手付きが便利
お鍋
お湯を沸かしたりボウル代わりにもなるよ

おすすめは「電子レンジ」
温め直しだけじゃないよ
調理道具のひとつとして重宝するよ
冷凍ご飯も
カップ1杯分のミルク
スパゲティも鍋いらず
「レンジで使えるタッパー」も必需品
フタだけレンジに使えない場合もあるから注意してね
ちぢんだ
電子レンジを使えば蒸し野菜も簡単
まいたけ
しめじ
しいたけ
ひとくち大にちぎって
ふんわりラップ
バター
600Wで約3分
しょうゆをかける
バターしょうゆ味
無限にたべられる

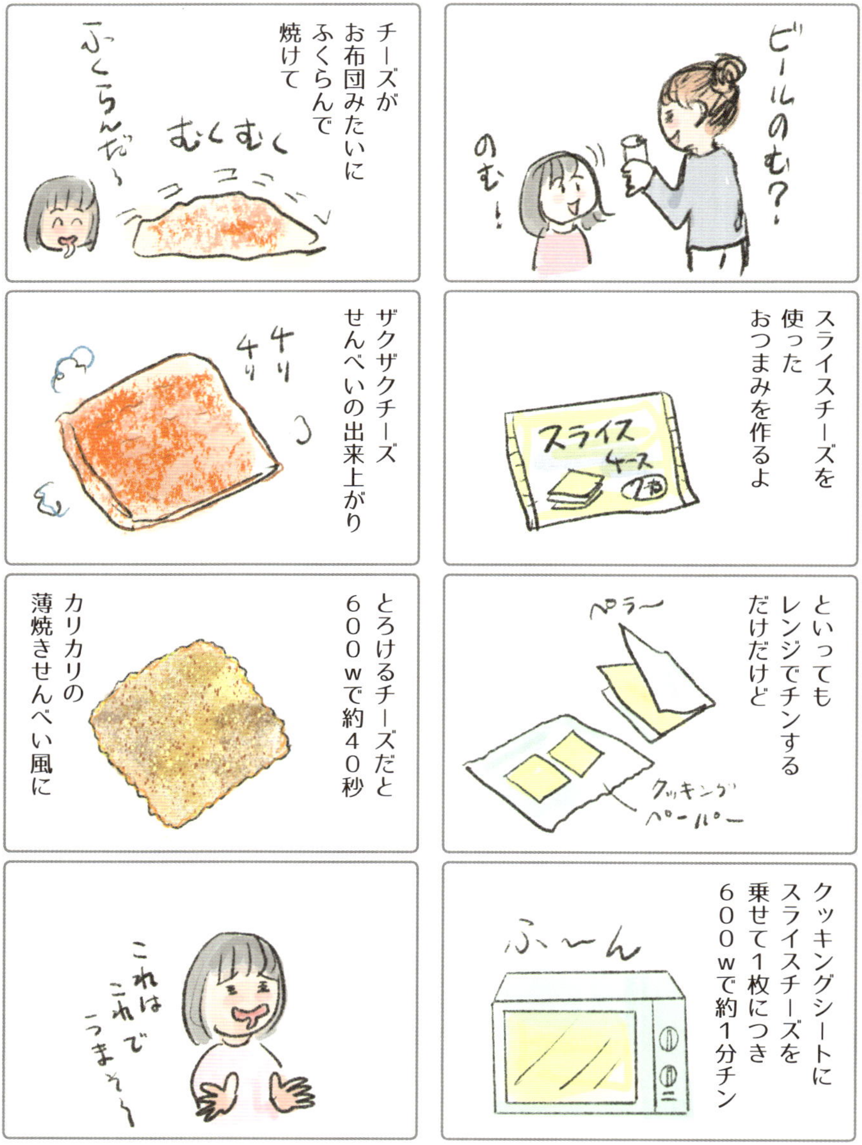
ビールのむ？
のむ！
スライスチーズを使ったおつまみを作るよ
スライス
といってもレンジでチンするだけだけど
ペラ〜
クッキングペーパー
クッキングシートにスライスチーズを乗せて1枚につき600wで約1分チン
ふ〜ん
チーズがお布団みたいにふくらんで焼けて
むくむく
ふくらんだ〜
ザクザクチーズせんべいの出来上がり
とろけるチーズだと600wで約40秒
カリカリの薄焼きせんべい風に
これはこれでうまそ〜

チンするだけ

「バリバリチーズせんべい」

「キノコのバターしょうゆ和え」

今日のコスパ
（調味料、光熱費含まず）

チーズせんべい
一枚 約25円

キノコのバターしょうゆ和え
一人前　約100円

ひとり暮らしの調味料、何から揃える？

レシピ本を見て
フムフム
カフェめし
おしゃれごはん
使う調味料ということで…
豆板醤？ レモン汁
ナンプラー…？
あるわけないし
ショウガなら…確か…
…ミイラになっている
干しショウガ!?

一気に
もうやだ!!
やる気がなくなった
料理に挑戦する前に
挫折している
今日この頃…
私はその逆で
余計な調味料
ついつい買いこんで
味かぶってるなぁ
コチュジャン
豆板醤
使い切れないで
ムダにしたよ
収納にも限りがあるし
何から揃えれば
いい？

調味料は何から揃える?

ひとり暮らしには
調味料は
小さいサイズが
結局お得だよ

マヨネーズ、ソース、
ケチャップとかは
100均やコンビニで
売ってる
小さいサイズに
統一してもいいし
必要になってから
買い足して

蜂蜜は
コーヒーに入れたり
料理に使ったり
砂糖代わりに
使っているよ

液体味噌
ポン酢
めんつゆ
しょうゆ
酢

蜂蜜
味塩コショウ
ニンニク
生姜
塩

油は
オリーブオイルと
ごま油で
サラダ、風味付け
炒めもの、全部
間に合わせているよ

ついつい買ってしまう食器…本当に必要？

とも姉の
マグカップ
やけに大きくない？
「デカマグ」だよ
大は
小を兼ねる
以上に…
兼用してるマグだよ
1.5倍
400ml
調理はもっぱら
電子レンジ
取っ手が
あるから
使い勝手がいい

大きさに
余裕があるから
具だくさん
スープとか便利
入れ過ぎないようにね
ケーキも
焼いているよ
カップ半分位の量
ホットケーキミックス
を牛乳で溶いて
かために溶く
ラップなしでチンして
竹串を刺して生地が
ついてこなければ
蒸しパン屋の
ふかふかケーキが
出来上がり
モコモコ
レーズンやナッツ
ココアを入れれば
チョコケーキ風に
ケーキだ

コーヒーゼリーも
作ったよ
熱いコーヒーに
ふやかした
粉ゼラチンを溶かし
濃いめにいれたインスタントコーヒー
粗熱をとってから
冷蔵庫で冷やし固め
牛乳とはちみつを
かけて食べると
甘くておいしいよ
HONEY
この場合はデカマグを
お鍋と型と
食器に兼用かな
プリン型
食器
なべ
残り物のシチューに
ごはんを足してチンすれ
ばリゾットにもなるし
デカマグって
使えるサイズなんだよね
仕上げにチーズ
このお皿は
パーティー用？
プラスチックのお皿
これはね便利なんだよ
常備菜や
タッパーサラダの
仕込みの時に大活躍
3枚ひと組
百均だよ
切った食材
茹でた食材…を
並べて仕分けするのに
重宝するんだよね
薄いから重ねても
場所取らないし
いざとなったら
取り皿にもなる
ファイルケースに収納

これだけあれば だいたい間に合う

おはしや
スプーンは
味見用や
取り分け用に
使うから
多めに用意して
マグカップ
コーヒー
スープ
みそ汁
に
どんぶり
ラーメン うどん
お茶づけ
おやこ丼
ご飯に
お茶碗
大皿
ステーキ ハンバーグ オムライス プレートセットに
カレー皿
カレー スパゲティ チャーハンに
シチュー サラダにも

食器を選ぶコツは？

洗い
やすい？
収納
できる？
和・洋・中
使いまわしOK？
レンジOK？
実家からもってきたラーメンどんぶり
使いまわしムズッ

食器収納はあらかじめスペースを決めておこう

雑貨店で
一目惚れのお皿
貯まったポイントでもらったマグカップ
ラッキー
実家から持ち帰った食器セット
いいじゃん
理想の暮らしは
お気に入りのカップで優雅なひとときだけど…
現実は
流しには洗い物がいっぱいで…
だから…
おさら
おさら
おさら
こんな事に！
ガチャーン

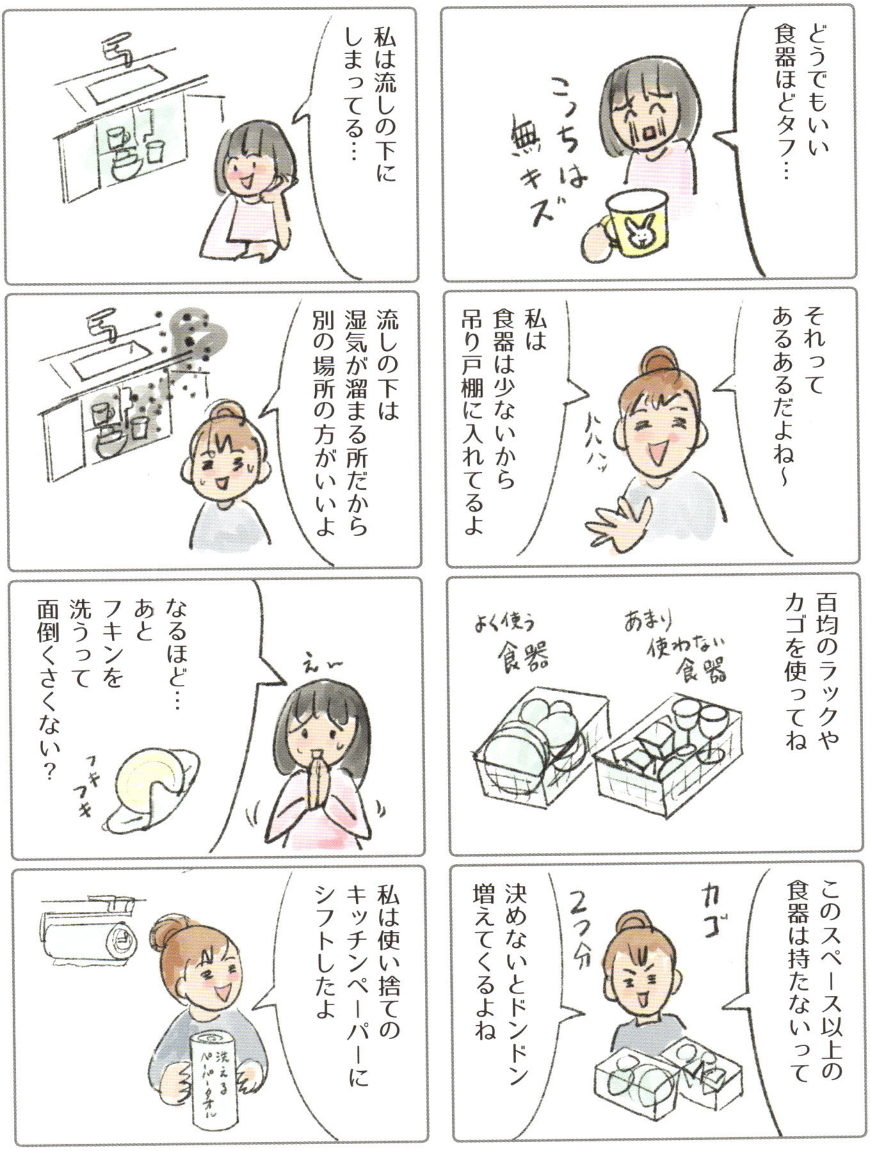
どうでもいい食器ほどタフ…
こっちは無キズ
私は流しの下にしまってる…
それってあるあるだよね～
ハハハッ
私は食器は少ないから吊り戸棚に入れてるよ
流しの下は湿気が溜まる所だから別の場所の方がいいよ
百均のラックやカゴを使ってね
よく使う食器
あまり使わない食器
なるほど…あとフキンを洗うって面倒くさくない？
えー
フキフキ
このスペース以上の食器は持たないって決めないとドンドン増えてくるよね
カゴ2つ分
私は使い捨てのキッチンペーパーにシフトしたよ
洗えるペーパータオル

とも姉の激せまキッチン・大解剖

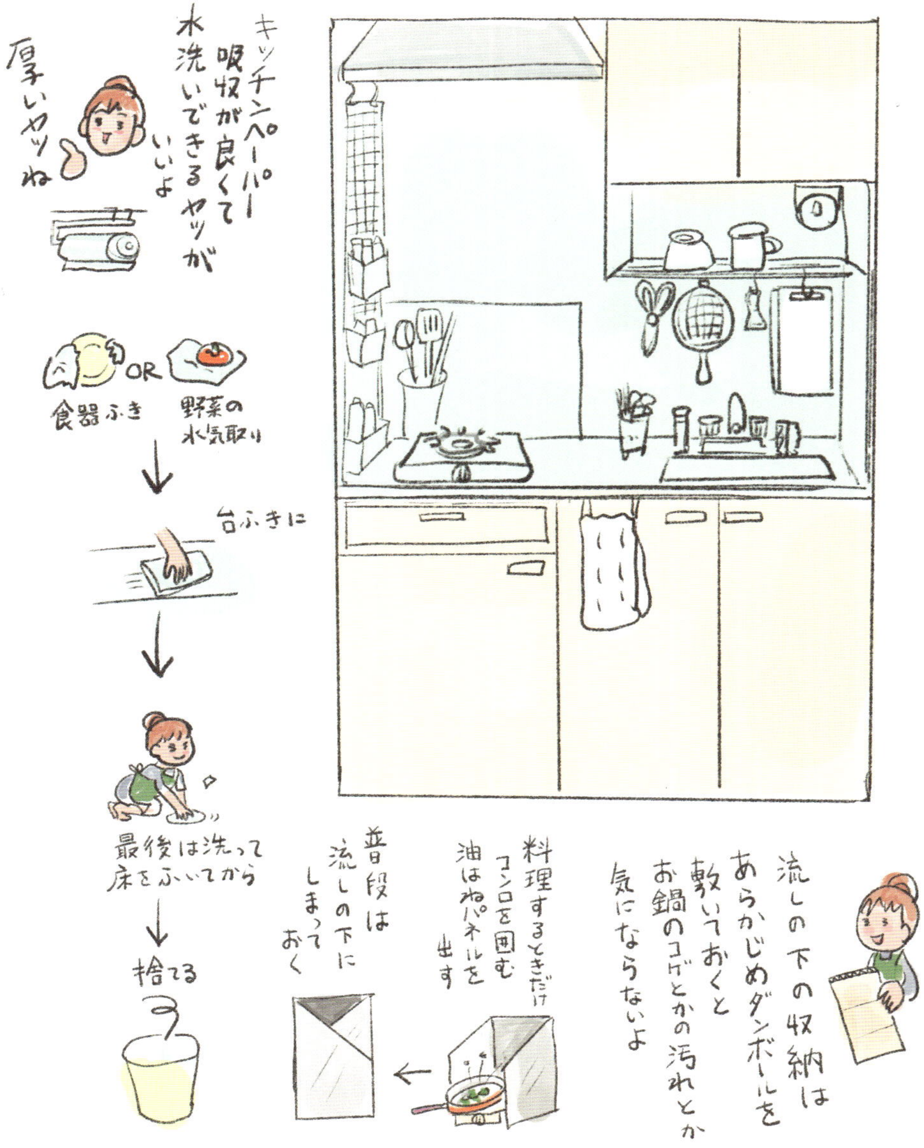
キッチンペーパー
吸収が良くて
水洗いできるヤツが
いいよ
厚いヤツね
OR
食器ふき
野菜の水気取り
台ふきに
最後は洗って
床をふいてから
捨てる
流しの下の収納は
あらかじめダンボールを
敷いておくと
お鍋のコゲとかの汚れとか
気にならないよ
料理するときだけ
コンロを囲む
油はねパネルを
出す
普段は
流しの下に
しまっておく

食器収納はあらかじめスペースを決めておこう

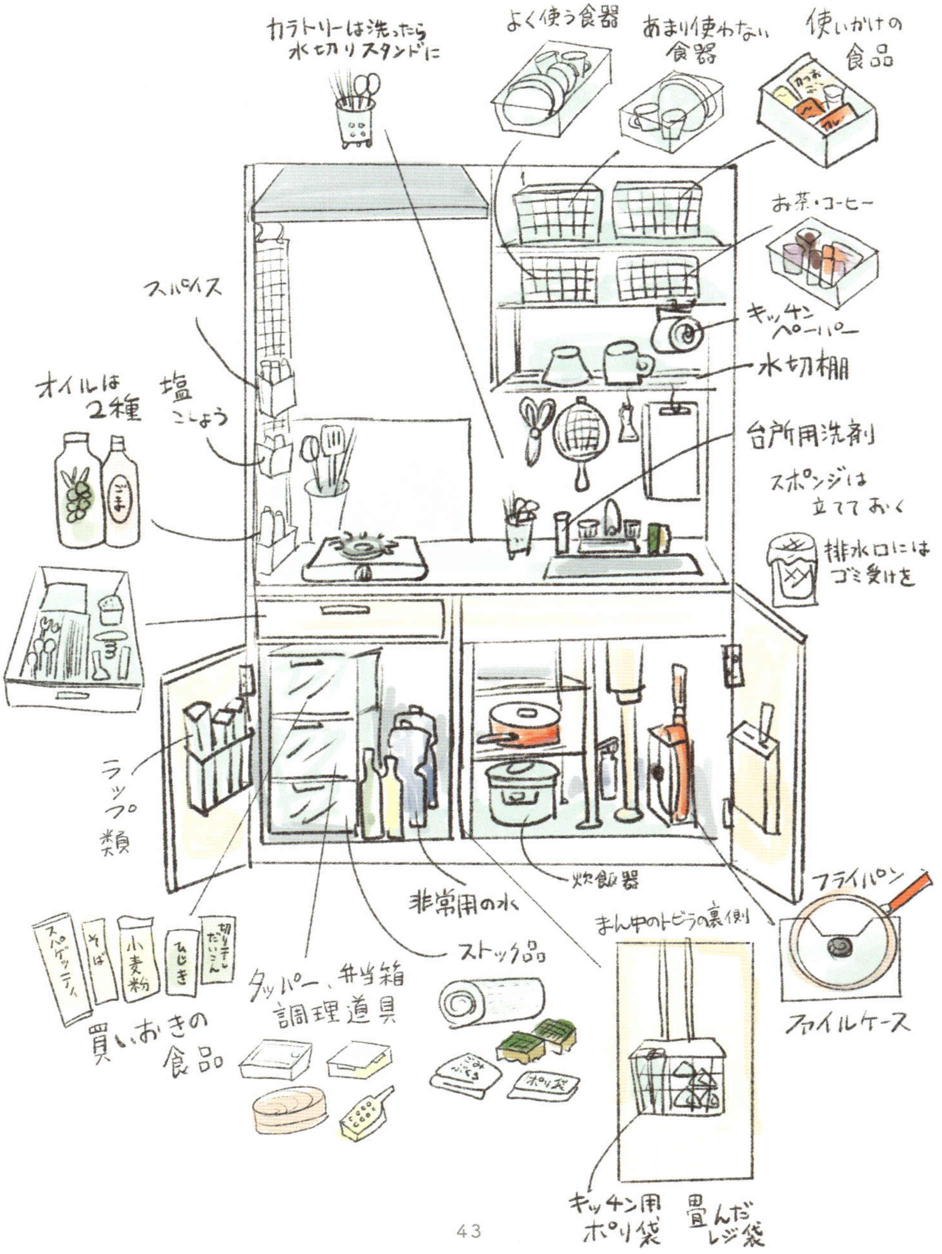

コスパ抜群！手間いらず！ある日のとも姉ごはん

なに食べている？

火の通った具材に
味噌、お湯、だし粉で
野菜
ごはん
だし
みそ
デカマグ
雑炊風汁かけごはん

月曜日
朝は電気ポットで
お湯を沸かして
コーヒーを淹れて
水筒に移す
(持ち歩き用)

朝の洗い物は
マグカップ2つ
ささっと洗って
水切り棚に

コーヒーを淹れた
マグはささっと
ゆすいで
梅干しを入れ
朝の白湯に

お弁当は作り置きの
冷凍サンドイッチと
タッパーサラダ
ハムとチーズサンド
自然解凍で食べる

冷凍ごはんと
冷凍野菜をチンして
ハサミで切れ目を入れておく

指差し確認して
ガスOK
閉じまりOK
行ってきます

夕飯はというと…
今日もしっかり働いた
冷凍野菜（ネギ・きのこ・ニラ）と冷凍豚肉、豆腐と市販のキムチで作る豆乳キムチ鍋
冷凍のひき肉
冷凍野菜
とうふ
豆乳ミニパックにキムチを汁ごと味付けは鶏ガラスープ
キムチ
キムチの容器をゆすいだものも入れる
シメはうどん半玉
あらかじめ半分にして冷凍しておいたうどん
チルドのうどん
心も体も温まったら
気力のあるうちに洗い物を済ましておく
くったくった
寝る前に明日のお弁当のイメトレ
冷蔵庫を見て
お弁当用に冷凍お肉を冷蔵室に移動
豚コマ
寝る前の読書はやさしいエッセイ限定
ゆったり
旅の思い出
おやすみなさい

火曜日
今日の持ち歩き用は
紅茶
ティーパック
目覚めの白湯
お弁当の用意
卵焼き
ほうれん草炒め
生姜焼きを
順番に焼く
フライパンも
そのまま
ゆでおきした
ほうれん草
豚コマ 生姜チューブ
めんつゆで味つけ
チンしたご飯と
常備菜を詰めれば完成
お弁当を
冷まして
いる間に朝ごはん
今日の朝ごはんは
もやし 油あげ
わかめの
みそ汁
冷凍具材で作る
いつもの味噌汁と
鮭そぼろを使った
鮭おにぎり
さけ
同じラップで
にぎり直す
カットした
焼きのり
これも
洗い物を出さない工夫
帰宅した時
洗い物があると
イヤなんだよね
それわかる

汁かけご飯

サンドイッチと
サラダのお弁当

生姜焼きのお弁当

豆乳キムチ鍋

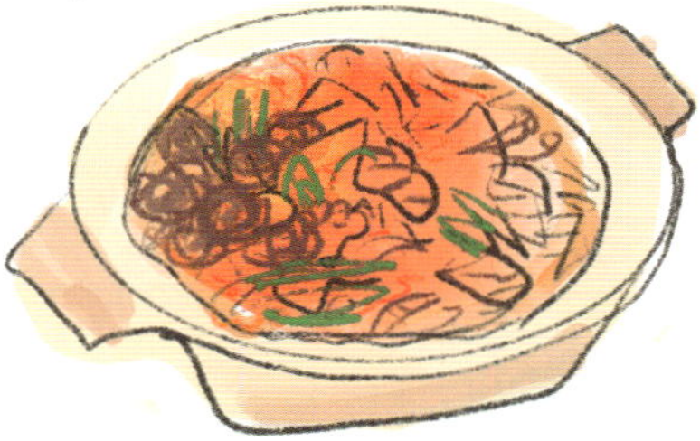

鮭おにぎりと みそ汁

とも姉の ご飯のコスパ

（調味料、光熱費含まず）

汁かけご飯	50円
サンドイッチとサラダのお弁当	200円
豆乳キムチ鍋	200円
生姜焼き弁当	200円
おにぎりと味噌汁	100円

初公開！とも姉の冷蔵庫の中

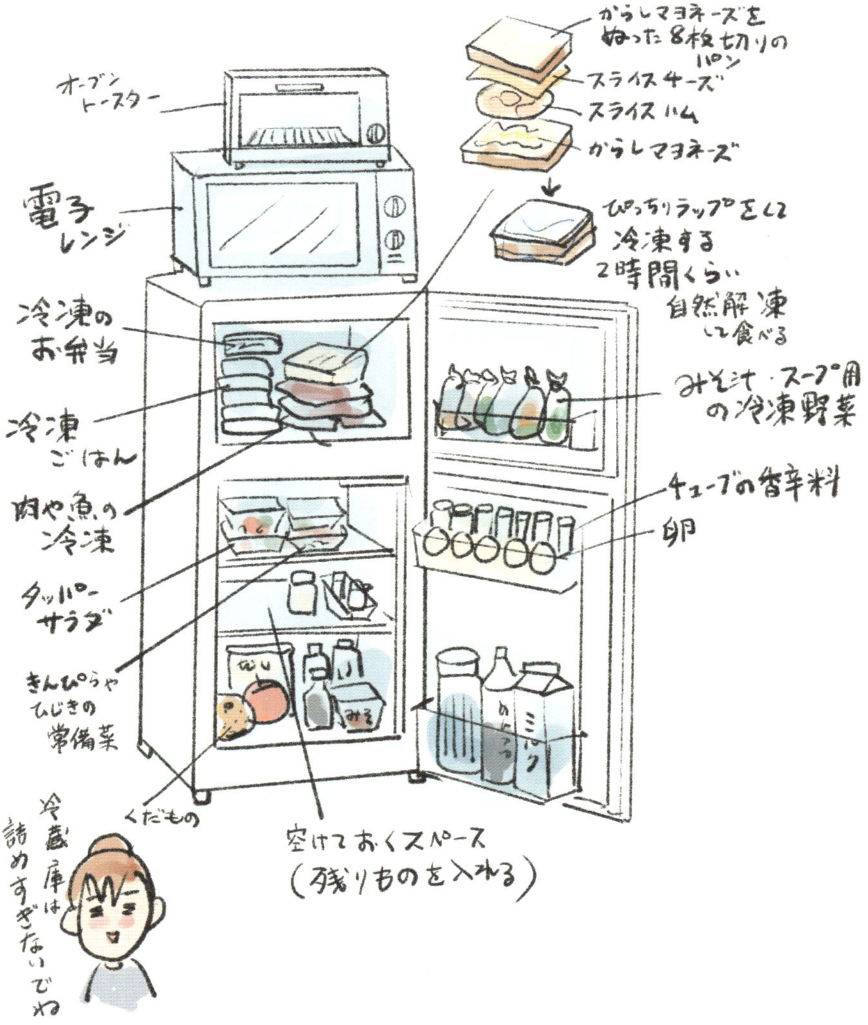

すぐ食べる
トースト用
8枚切
食パン
4枚
弁当用の
冷凍
サンドイッチ
2枚
フレンチ
トースト用に
冷凍保存
常温

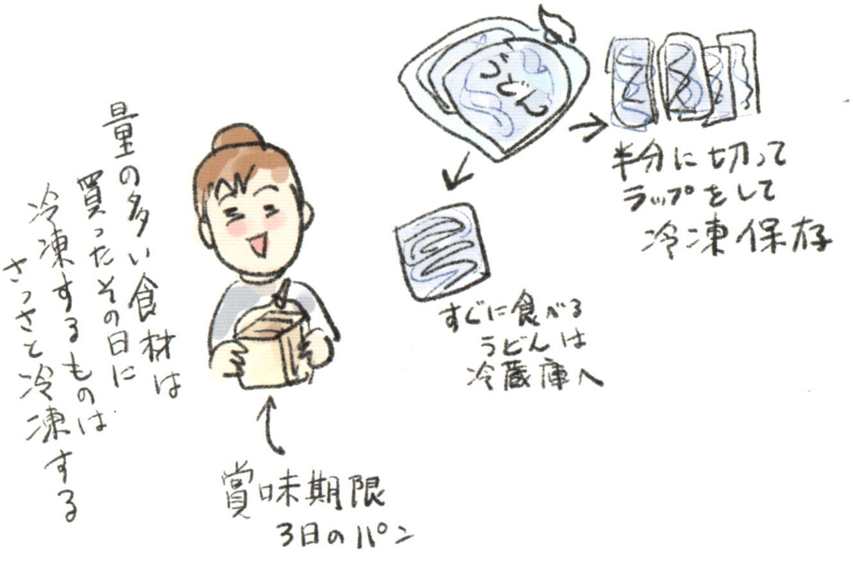
うどん
半分に切って
ラップをして
冷凍保存
すぐに食べる
うどんは
冷蔵庫へ
量の多い食材は
買ったその日に
冷凍するものは
さっさと冷凍する
賞味期限
3日のパン

野菜の洗い方、知っていますか？

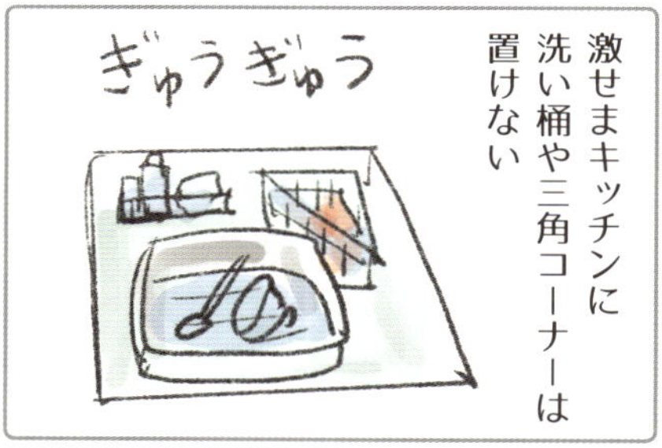
激せまキッチンに
洗い桶や三角コーナーは
置けない
ぎゅうぎゅう

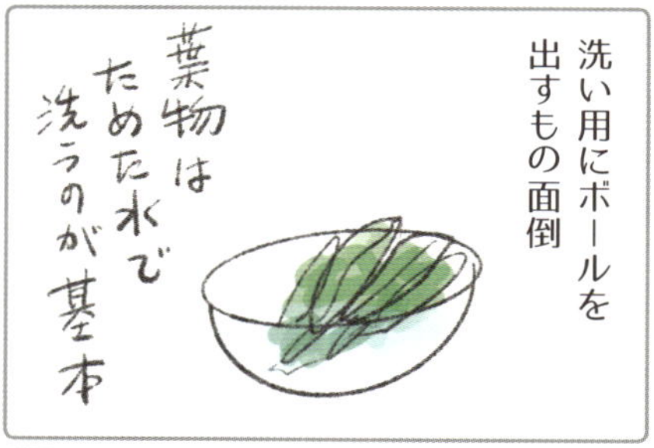
洗い用にボールを
出すもの面倒
葉物はためた水で洗うのが基本

そんな時は
青菜の入っていた
袋の中に水を入れて

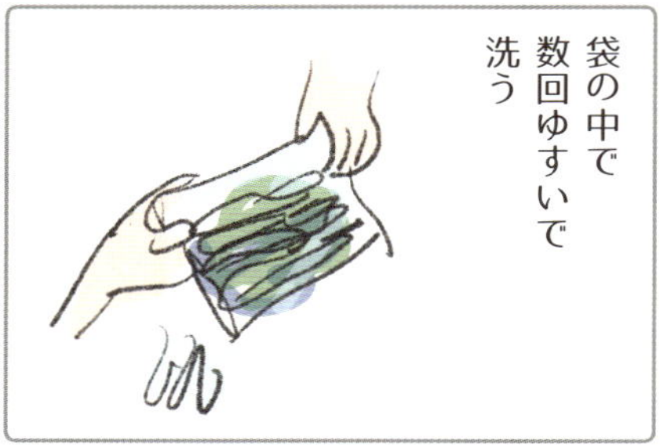
袋の中で
数回ゆすいで
洗う

青ネギや万能ネギも
同じように
洗えるよ

ほうれん草は
茹でこぼしたあと
流水にさらす時
根もとに残った
細かい砂や泥なども
きれいにとれるよ

生から炒める時は
袋の中でゆすいでから
根もとを開いて
流水で洗ってから
料理してね

ところで
いまさらですが
とも姉は
きのこって洗ってる？
きのこは
ほとんどが工場で
作られているから
だいたいのキノコは
洗わないよ
えのきは
石づき部分を
袋の上から切ると
バラバラに
ならないよ
しめじやまいたけは
袋から出して
そのまま
石づきがあれば切って
あとは手でバラバラ
袋入りのなめこは
さっと洗うと酸味が
とれておいしいよ
足きり
なめこ
酸味は乳酸発酵だから
腐っているわけじゃない
袋の中に水を入れて
袋の中で洗えば
ザル要らず
なめこの袋に
水を入れて
袋のカドを
切ってゆすぐ
森で栽培された
原木しいたけ
ペタペタする
生きくらげなんかは
さっと
洗ってから
調理するね
法則が
わかってきた
なんとなく

この間
ブロッコリーを
洗った時
思い切り水が跳ねて
ビチャビチャに
なったよ
ずぶぬれ
ブロッコリーって
水をはじくんだね
ブロッコリーは
形状からいっても
ゴミがつきやすいし
虫も隠れて
いる場合も
あるから
よく洗った方が
いいよ
え〜
房ごとに切って
茎は皮を厚めにむくと
食べられるよ
ここだけ食べる
お鍋に入れて水を入れ
浮いてこないように
お皿をのせ
さら
水に沈める
約20分水攻めの刑
水につけるとつぼみが
開きゴミや虫が浮いて
くるから
フリフリ
水を替えて水の中で
振り洗いする
ブロッコリーは
電子レンジで蒸す方法も
あるんだけど
ゴミがけっこうあるのね
私は茹でる派
熱湯から約2分茹で
茎の硬さを確認
私はかじって確認
予熱で火が通るから
やや固めでOK

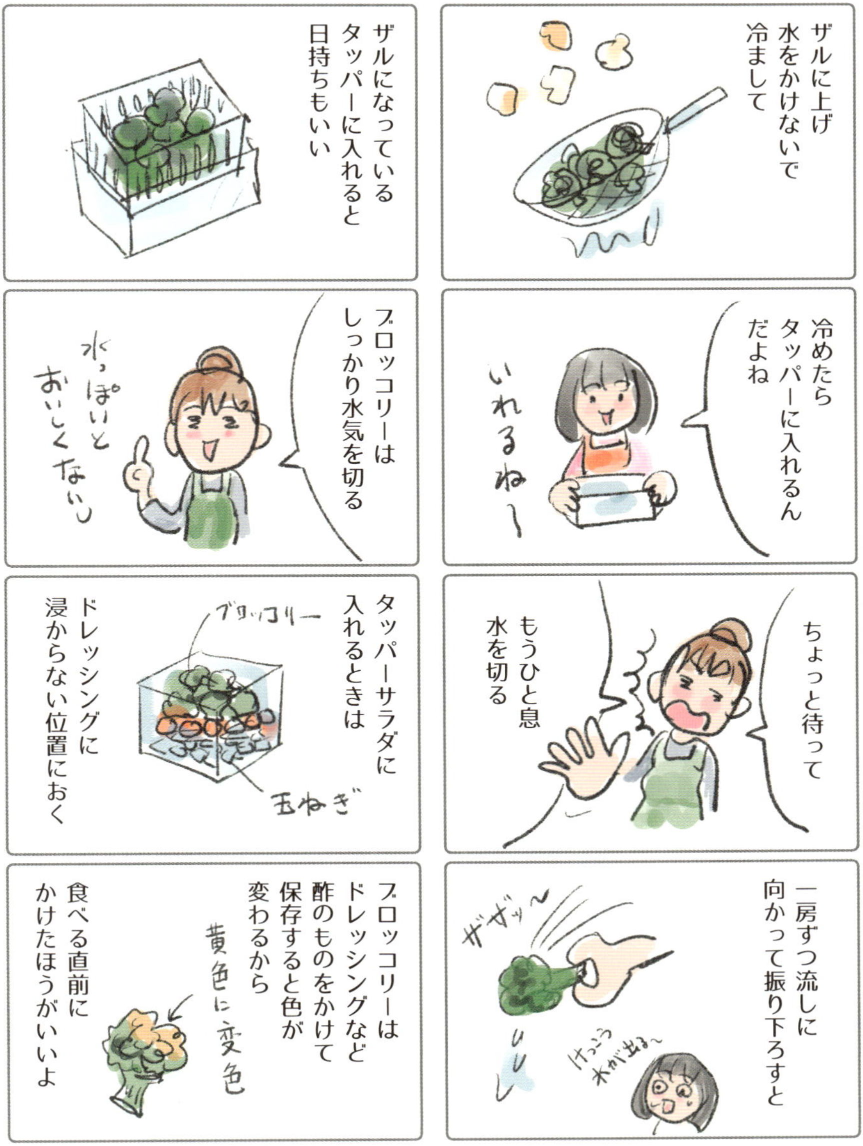
ザルに上げ
水をかけないで
冷まして
冷めたら
タッパーに入れるん
だよね
いれるね〜
ちょっと待って
もうひと息
水を切る
一房ずつ流しに
向かって振り下ろすと
ザザッ〜
けっこう水が出る〜
ザルになっている
タッパーに入れると
日持ちもいい
ブロッコリーは
しっかり水気を切る
水っぽいと
おいしくない
タッパーサラダに
入れるときは
ブロッコリー
玉ねぎ
ドレッシングに
浸からない位置におく
ブロッコリーは
ドレッシングなど
酢のものをかけて
保存すると色が
変わるから
黄色に変色
食べる直前に
かけたほうがいいよ

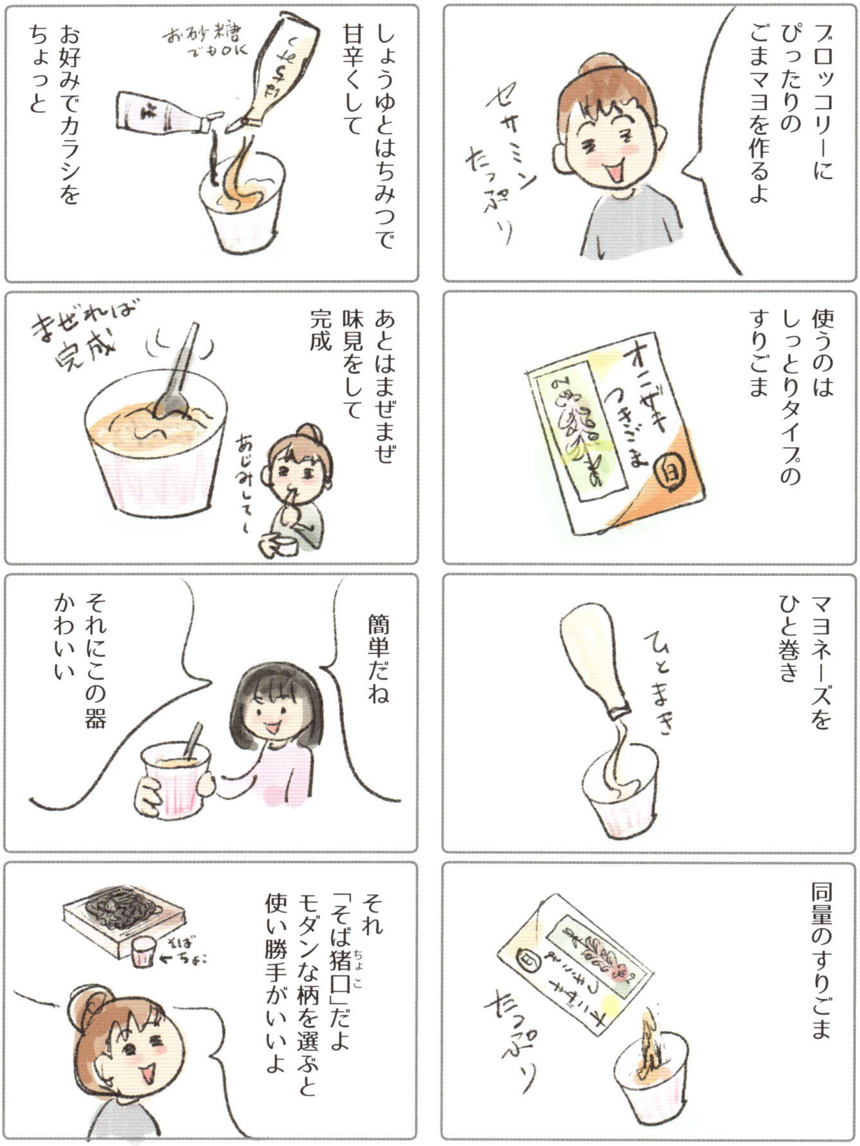
ブロッコリーに
ぴったりの
ごまマヨを作るよ
セサミン たっぷり
使うのは
しっとりタイプの
すりごま
オニザキ つきごま
マヨネーズを
ひと巻き
ひとまき
同量のすりごま
たっぷり
しょうゆとはちみつで
甘辛くして
お好みでカラシを
ちょっと
お砂糖でもOK
あとはまぜまぜ
味見をして
完成
まぜれば完成
あじみしてる
簡単だね
それにこの器
かわいい
それ
「そば猪口《ちょこ》」だよ
モダンな柄を選ぶと
使い勝手がいいよ
そばちょこ

ブロッコリー
プチトマト
切っただけにんじん
電子レンジでチンしたじゃがいも
サラダチキン（買ってきた）
ゆで卵

「ごまマヨネーズ」で食べる温野菜サラダ

ごまマヨ
たっぷりのっけていただきます
すりごまはごまの栄養がちゃんととれるよ

今日のコスパ
（調味料、光熱費含まず）

ごまマヨネーズ	約80円
温野菜とサラダチキン	200円

ひとり暮らしの「激せまキッチン・失敗あるある」

その便利グッズ本当に必要?

収納する場所は?出番はいつ?
代用できるものはある?

作りおきはほどほどに

使いまわしが出来ない作りおきのおかずは
種類も量もほどほどでいい

揚げ物はあきらめろ

初心者は激せまキッチンでは
揚げ物は無理

第二章

激せまキッチンでも こんなに料理が作れます

たった3分で満点！ほうれん草のホットサンド

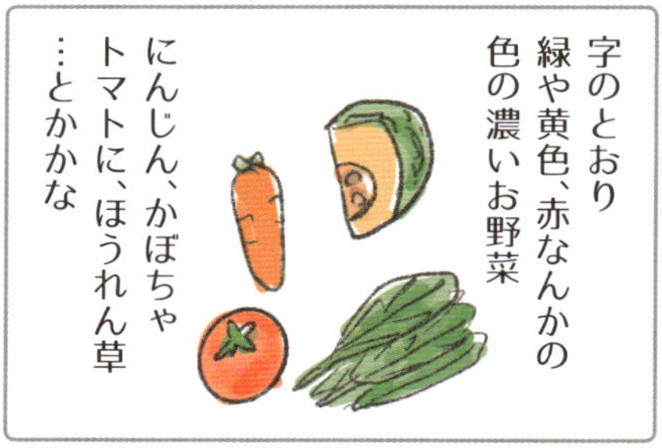
字のとおり緑や黄色、赤なんかの色の濃いお野菜
にんじん、かぼちゃトマトに、ほうれん草…とかかな

緑黄色野菜…ベータカロテン…体に良い…美肌…
きゅうりって緑黄色野菜？
あ〜きゅうりね
それは、淡色野菜なんだよね
みどりだけどね〜
とも姉…
緑黄色野菜ってどんなものだっけ
いまさらですが〜
簡単な見分け方としては
きゅうりは中が白い
中まで色がついているかどうか…かな
にんじん、ほうれん草かぼちゃか…
体にいいのに食べてなかったな〜
ほうれん草とか買った事ないし
芽が出た玉ねぎ
しわしわにんじん
芽が出たじゃがいも
野菜は最後まで使いきった事がないんだよね…

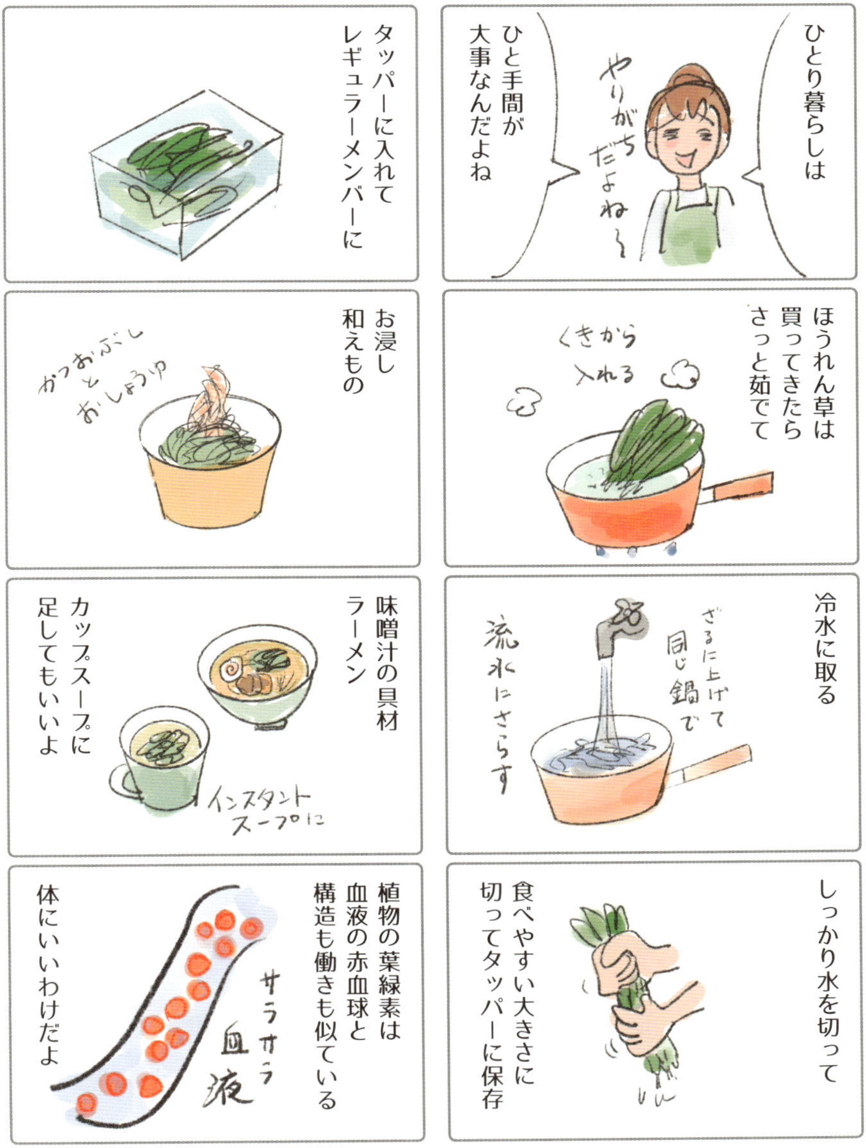

ひとり暮らしは
やりがちだよね〜
ひと手間が大事なんだよね
ほうれん草は買ってきたらさっと茹でて
くきから入れる
冷水に取る
ざるに上げて同じ鍋で
流水にさらす
しっかり水を切って
食べやすい大きさに切ってタッパーに保存
タッパーに入れてレギュラーメンバーに
お浸し
和えもの
かつおぶしとおしょうゆ
味噌汁の具材
ラーメン
カップスープに足してもいいよ
インスタントスープに
植物の葉緑素は血液の赤血球と構造も働きも似ている
サラサラ血液
体にいいわけだよ

常備菜のほうれん草は
しっかり水を切って
バターを乗せて
電子レンジで
チンして
熱々にする
チン!
バターが溶けた
ほうれん草に
塩・こしょうをふる
塩こしょう
8枚切りの食パンは
オーブントースターで
カリカリに焼いて
バター滴る
ほうれん草を
トーストに乗せる
コレを
無理やり
2つ折りにする
ギュッと
スパイシーな
バターほうれん草が
カリカリ
トーストと
マッチする
ホットサンドの
出来上がり
あんぐり

「ほうれん草のホットサンド」

うまっ
これなら
ほうれん草
いっぱい食べられる
バターたっぷりだから
肉系がなくても
食べごたえあるんだよね

今日のコスパ
（調味料、光熱費含まず）

ホットサンド……………………50円

アレンジし放題のタッパーサラダ

メイソンジャーのジャーサラダ
一時期流行ったよねおしゃれだよね〜
ニューヨーカー
メイソンジャーってたくさん入るので
中身の量1人分のサラダにしては多すぎなんだよね
大量!!
これくらいのタッパーくらいが
私はちょうどいいんだよね
100均で3コパック
320ml
小さっ!

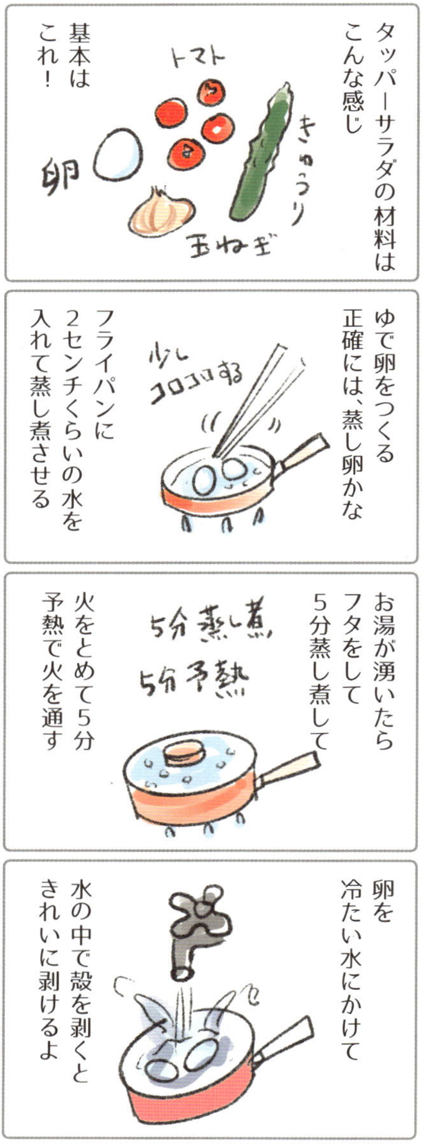
タッパーサラダの材料はこんな感じ
基本はこれ!
トマト
きゅうり
卵
玉ねぎ
ゆで卵をつくる正確には、蒸し卵かな
フライパンに2センチくらいの水を入れて蒸し煮させる
少しコロコロする
お湯が湧いたらフタをして5分蒸し煮して
火をとめて5分予熱で火を通す
5分蒸し煮
5分予熱
卵を冷たい水にかけて
水の中で殻を剥くときれいに剥けるよ

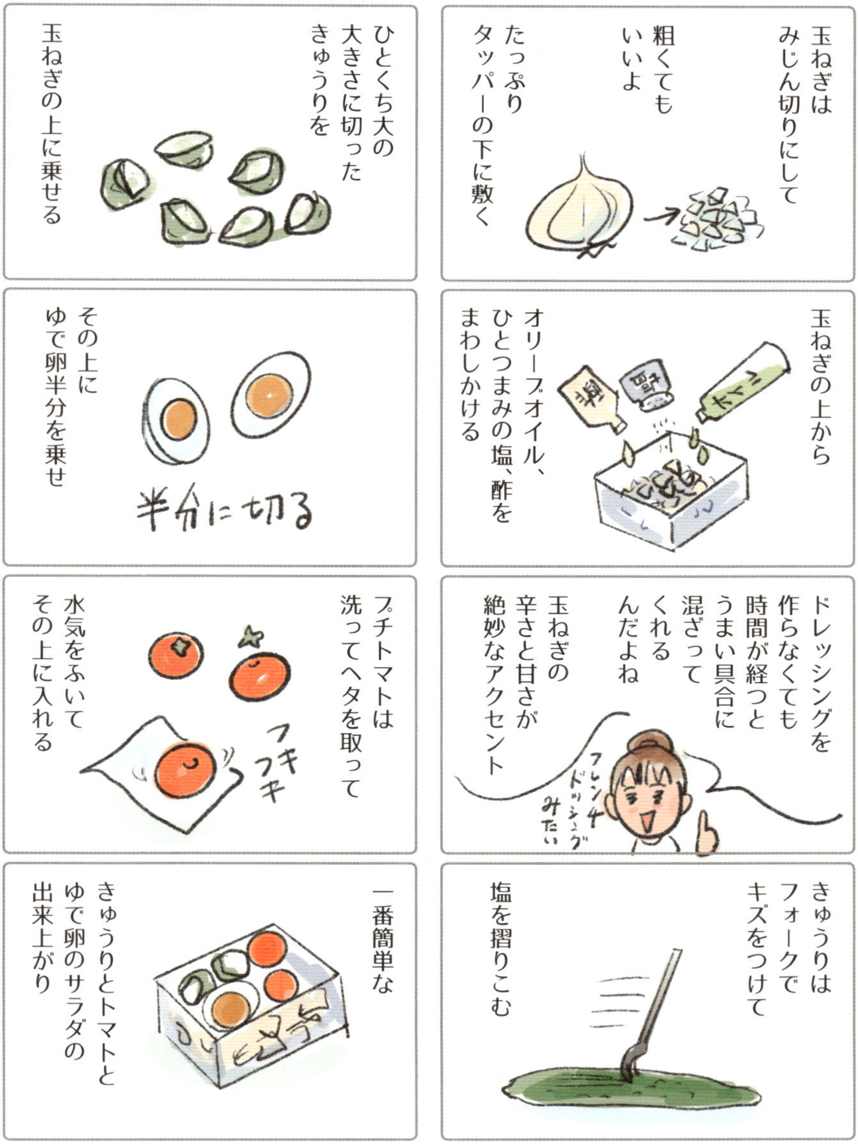
玉ねぎは
みじん切りにして
粗くても
いいよ
たっぷり
タッパーの下に敷く
ひとくち大の
大きさに切った
きゅうりを
玉ねぎの上に乗せる
玉ねぎの上から
オリーブオイル、
ひとつまみの塩、酢を
まわしかける
その上に
ゆで卵半分を乗せ
半分に切る
ドレッシングを
作らなくても
時間が経つと
うまい具合に
混ざって
くれる
んだよね
玉ねぎの
辛さと甘さが
絶妙なアクセント
フレンチドレッシングみたい
プチトマトは
洗ってヘタを取って
水気をふいて
その上に入れる
フキフキ
きゅうりは
フォークで
キズをつけて
塩を摺りこむ
一番簡単な
きゅうりとトマトと
ゆで卵のサラダの
出来上がり

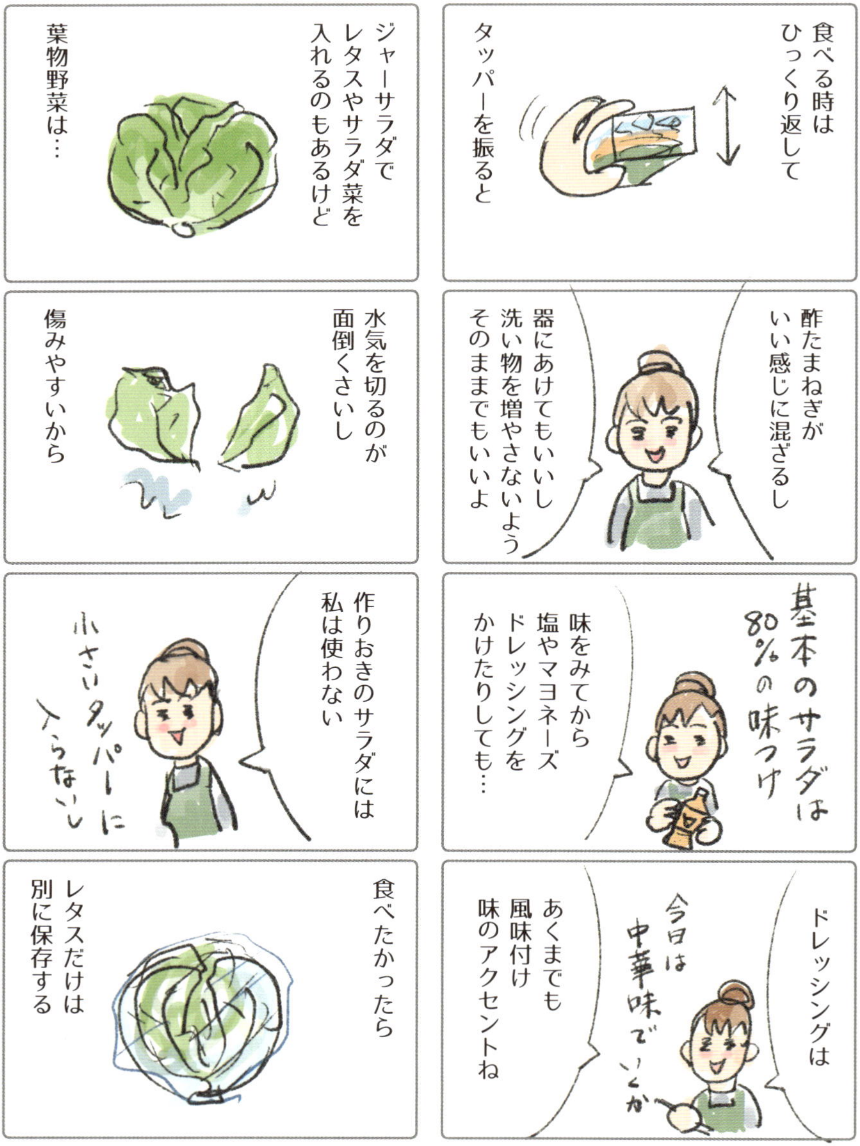
食べる時は
ひっくり返して
タッパーを振ると
酢たまねぎが
いい感じに混ざるし
器にあけてもいいし
洗い物を増やさないよう
そのままでもいいよ
基本のサラダは
80%の味つけ
味をみてから
塩やマヨネーズ
ドレッシングを
かけたりしても…
ドレッシングは
今日は
中華味でいくか
あくまでも
風味付け
味のアクセントね
ジャーサラダで
レタスやサラダ菜を
入れるのもあるけど
葉物野菜は…
水気を切るのが
面倒くさいし
傷みやすいから
作りおきのサラダには
私は使わない
小さいタッパーに
入らないし
食べたかったら
レタスだけは
別に保存する

ちぎったレタスの上に
タッパーサラダを
乗せたら
見ばえもアップ
おもてなしの
一品になるよ
肉系のものは
ゆで卵の他に
カニカマ
カリカリベーコン
サラダチキン
ツナ
カニカマやツナ缶
豚肉、鶏肉もいいよ
タッパーサラダは
環境にもよるけど
冷蔵庫で
4日くらいで
食べ切るつもりで
茹でたエビを入れたら
豪華になるし
ボイルエビなら
そのまま
サラダの具材は
アスパラ
オクラ
いんげん
チンしたきのこ
コーン
塩茹でしたブロッコリー
オクラやアスパラ
いんげん、キノコ類
コーン、豆…
しゃぶしゃぶ用の
豚肉を
しゃぶしゃぶ
茹でて
水に取る
ブロッコリーなどの
緑の野菜は
お酢で変色するので
時間がたつと茶色になる
一番上に乗せるか
別のタッパーで保存
知ってる
氷水ってやつに？

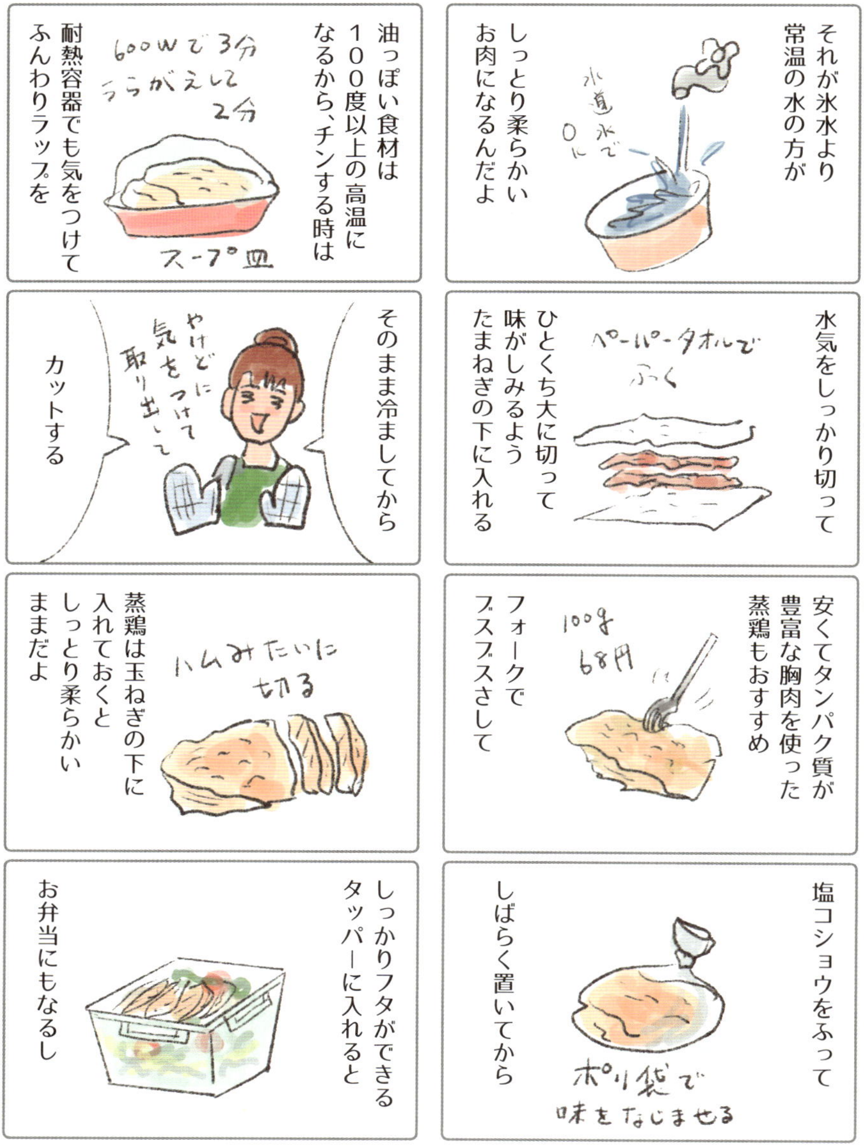
それが氷水より
常温の水の方が
しっとり柔らかい
お肉になるんだよ
水道水で
OK
水気をしっかり切って
ひとくち大に切って
味がしみるよう
たまねぎの下に入れる
ペーパータオルで
ふく
安くてタンパク質が
豊富な胸肉を使った
蒸鶏もおすすめ
フォークで
ブスブスさして
100g
68円
塩コショウをふって
しばらく置いてから
ポリ袋で
味をなじませる
油っぽい食材は
100度以上の高温に
なるから、チンする時は
耐熱容器でも気をつけて
ふんわりラップを
600Wで3分
うらがえして
2分
スープ皿
そのまま冷ましてから
カットする
やけどに
気をつけて
取り出して
蒸鶏は玉ねぎの下に
入れておくと
しっとり柔らかい
ままだよ
ハムみたいに
切る
しっかりフタができる
タッパーに入れると
お弁当にもなるし

豆とチーズのオーローラサラダ

基本のシンプルサラダ

「タッパーサラダ」

カニカマとわかめの中華サラダ

チキンのシーザーサラダ

¥ 今日のコスパ ¥

（調味料、光熱費含まず）

基本のシンプルサラダ
ゆで卵、トマト、きゅうり、玉ねぎ
1人前 ………………… 約 100 円

豆とチーズのオーロラサラダ
サラダ用豆、チーズ、トマト、きゅうり、玉ねぎ
1人前 ………………… 約 150 円

カニカマとわかめの中華サラダ
カニカマ、わかめ、トマト、きゅうり、玉ねぎ
1人前 ………………… 約 150 円

チキンのシーザーサラダ
蒸鶏、トマト、きゅうり、ブロッコリー、玉ねぎ
1人前 ………………… 約 160 円

きゅうり
トマト
サラダ豆
チーズ
6Pチーズ
サラダ豆
ゆで卵
きゅうり
トマト
玉ねぎのみじん切り
塩もみきゅうり
トマト
玉ねぎ
カニカマ
わかめ
サラダチキン
ブロッコリー
トマト
玉ねぎ

粉チーズでシーザーサラダ
ぽん酢で和風サラダ
ごま油で中華風
オーロラソース
マヨネーズとケチャップで

お鍋にすれば一日分の野菜が摂れます

これで白菜がムダにならない
肉は2種類
豚バラ
鶏もも
野菜がたくさん摂れて体も温まる鍋利用しない手はない！
100グラムずつ小分けにしておく
空気をぬいて平らにする
ラップ
ジップロック
白菜 長ネギ 舞茸 油揚げ
長ねぎ2本
舞たけ
油あげ
小分けにした野菜と小分けにした肉をスープで煮れば
鍋になります
スープで煮るだけ
野菜は、鍋用に切って1回分ごとにセット
ザク切り白菜
油あげ
舞たけ
長ねぎ
野菜は4日以内に食べるなら冷蔵室へその先なら冷凍庫へ
肉は今日明日食べる予定以外全部冷凍する

豆乳と鶏ガラスープで作る「豆乳鍋」

ラーメンつゆで作る ラーメン鍋

鶏がらスープで作る 塩ちゃんこ鍋

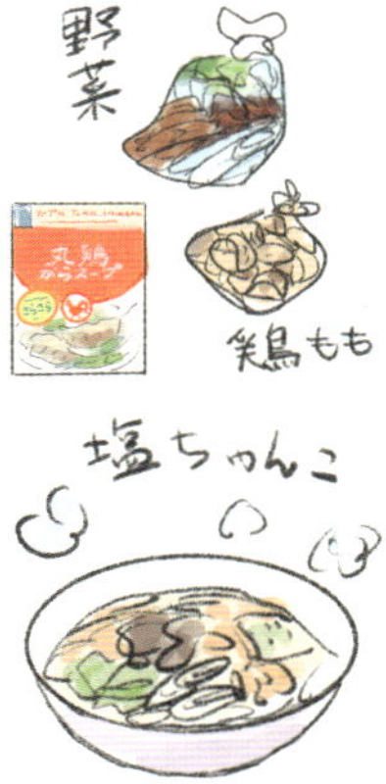

うどんスープで作る 寄せ鍋

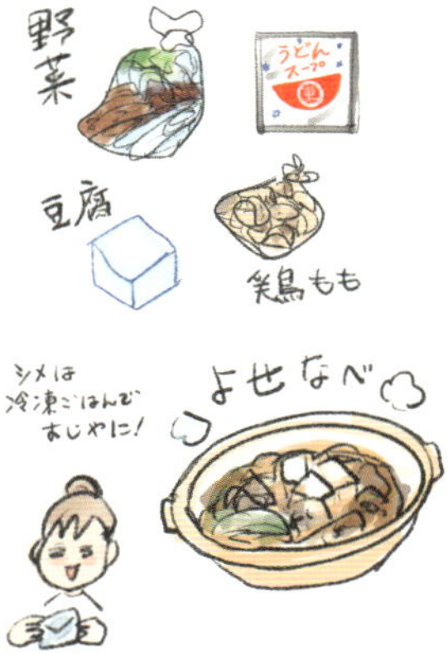

キャベツはまるごと食べつくす

キャベツ安いけど絶対、使い切れない
よっしゃ
なんとかしてみましょう
この外葉から頂きます
外側の葉
え〜食べられるの？
もろろん栄養も豊富だよ
バキバキ
大きな外葉は畑で切り落とされさらにお店で切り落とされているので農薬の心配はないよ
店
畑
外葉って硬いから
よく洗ってみじん切りにする
外葉だけでボールいっぱい
小麦
小麦粉と卵、鶏ガラスープを入れてマゼマゼ
ごま油をしいてじっくり焼くだけ
緑のクレープ？
キャベツの外葉のチヂミだよ

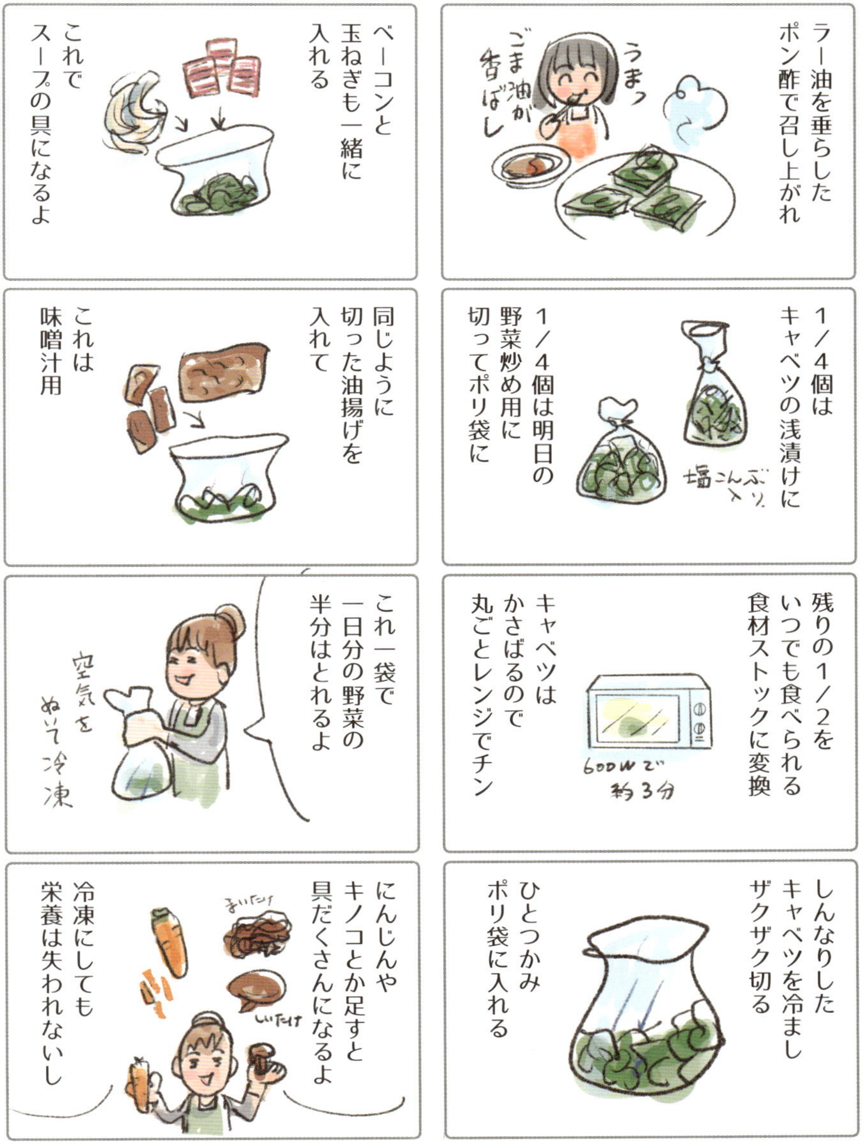

ラー油を垂らした
ポン酢で召し上がれ
うまっ
ごま油が香ばし
1／4個は
キャベツの浅漬けに
1／4個は明日の
野菜炒め用に
切ってポリ袋に
塩こんぶ入り
残りの1／2を
いつでも食べられる
食材ストックに変換
キャベツは
かさばるので
丸ごとレンジでチン
600Wで約3分
しんなりした
キャベツを冷まし
ザクザク切る
ひとつかみ
ポリ袋に入れる
ベーコンと
玉ねぎも一緒に
入れる
これで
スープの具になるよ
同じように
切った油揚げを
入れて
これは
味噌汁用
これ一袋で
一日分の野菜の
半分はとれるよ
空気をぬいて冷凍
にんじんや
キノコとか足すと
具だくさんになるよ
冷凍にしても
栄養は失われないし
まいたけ
しいたけ

キャベツまるごと活かしまショウ！

30円の
チヂミ

塩こんぶとごま油を
まぜてもむだけ

20円の
浅漬け

50円の
トマトスープ

トマトジュースとも
相性バツグン

トマトジュースとコンソメで

コスパ
30円の
みそ汁

食物繊維たっぷり！ピーラーで作るきんぴらごぼう

緊張している研修の日々で
角度が違う!!
うーん
おなかが重たい…
便秘になっちゃったんです
どうしたの？
ひなちゃんどんよりしちゃって
あら〜
きのどく
実は…
いいにくいけど…
最近の食生活教えて
え〜と

うーん
朝はだいたい
パンと
カフェオレ
メロンパン
お昼は会社の人と
レストランで
ランチ
ランチセット
○Aセット
○Bセット
○Cセット
パスタ
ハンバーグ
ピザとか
お寿司とか
最近は節約して
コンビニで
調達する事もある
コンビニ
おにぎりか
サンドイッチ
唐揚げと
飲み物
ついつい
買っちゃうのが
デザート系
結局700円前後の
買い物になるから
節約に
なってないしー
あれっ
いがいと高っ
夕飯はカップ麺とか
和えるだけパスタとか
買ってきた
惣菜パンとか
とにかく
すぐ食べられるものを
買い置きしてあった
スナック菓子と
炭酸飲料が
夕飯だった時もある
疲れすぎて
思考停止

そうだね
新社会人は
なにもかも
いっぱい
いっぱいだよね…
でも
食事は大切!
今の
ひなちゃんには
野菜や繊維質が
決定的に不足してる
腸内環境最悪
よし、今日は
便秘解消メニューに
しよう
食物繊維たっぷりの
キングオブ常備菜の
きんぴらごぼう
あく抜き
糸こんにゃく
ピーラーで作る
きんぴらごぼう
激せま
キッチン編
包丁いらず
ピーラーで
ごぼうは半分に
切って
こすり洗いしてから
ごぼうが入っていた袋をまるめてタワシに
シンクに合せてごぼうを切る
ピーラーで
皮ごとどんどん
薄切りにして
長いまま
フライパンに入れる

食物繊維たっぷり！ ピーラーで作るきんぴらごぼう

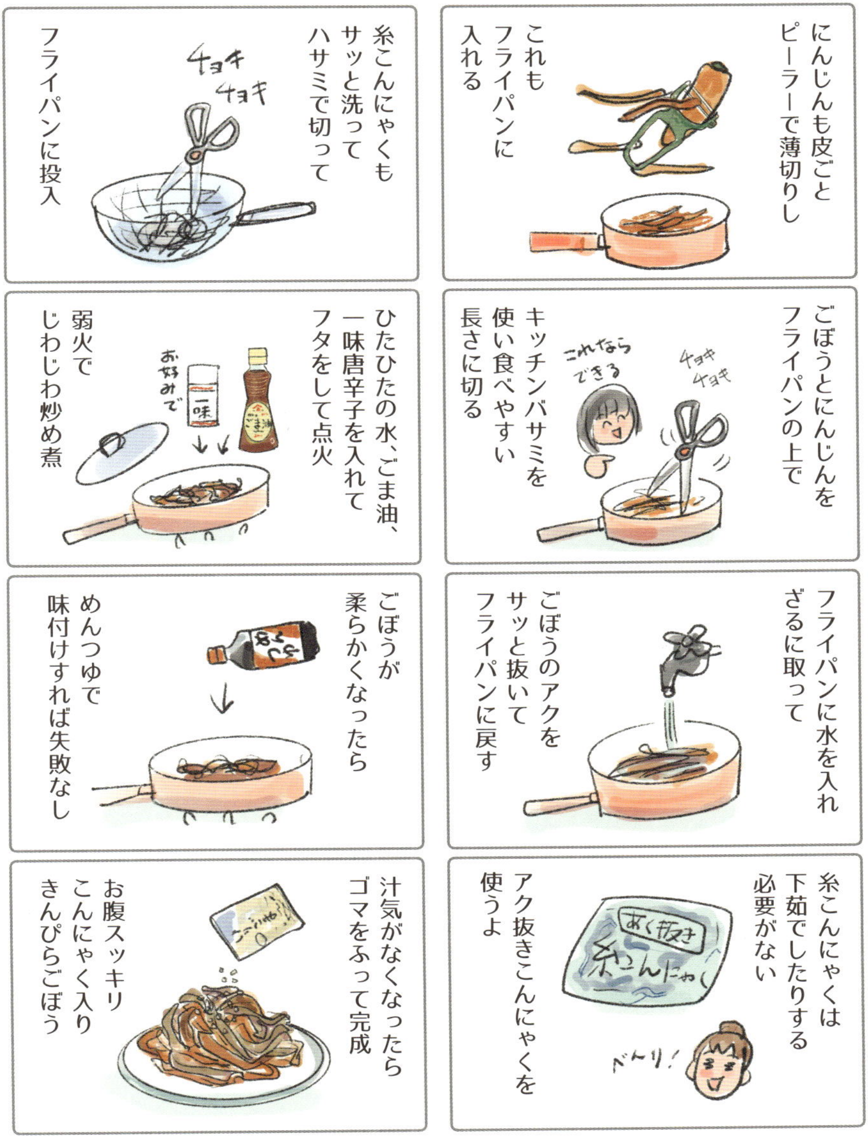
にんじんも皮ごと
ピーラーで薄切りし
これも
フライパンに
入れる
ごぼうとにんじんを
フライパンの上で
キッチンバサミを
使い食べやすい
長さに切る
チョキ チョキ
これなら
できる
フライパンに水を入れ
ざるに取って
ごぼうのアクを
サッと抜いて
フライパンに戻す
糸こんにゃくは
下茹でしたりする
必要がない
アク抜きこんにゃくを
使うよ
あく抜き
糸こんにゃく
べんり！
糸こんにゃくも
サッと洗って
ハサミで切って
フライパンに投入
チョキ
チョキ
ひたひたの水、ごま油、
一味唐辛子を入れて
フタをして点火
弱火で
じわじわ炒め煮
お好みで
一味
ごま油
ごぼうが
柔らかくなったら
めんつゆで
味付けすれば失敗なし
汁気がなくなったら
ゴマをふって完成
お腹スッキリ
こんにゃく入り
きんぴらごぼう

冷凍のカット野菜を
レンジでチンして
冷凍野菜
きのこ
油あげ
ねぎ
火を通してから
水、煮干粉、味噌
乾燥わかめを
足して
電子レンジで作る
具だくさん味噌汁
レギュラーメンバーの
タッパーサラダに
常備菜のひじき煮
サラダ用豆を
マヨネーズで
混ぜれば
サラダ豆
繊維質最強
ひじきのサラダ
今日の冷凍ごはんは
「雑穀入りご飯」だから
さらに強力！
雑穀って何が
入っているの？
押し麦やヒエや
アワとかの
ブレンド雑穀
混ぜて炊くだけの
やつだよ
雑穀は繊維質も
ビタミンも
白米よりたっぷり
プチプチする
よく噛んで食べてね

“食物繊維たっぷり！ピーラーで作るきんぴらごぼう”

食物繊維は免疫力を高めてくれるよ
マクロビカフェのメニューみたい

¥ 今日のコスパ ¥
（調味料、米、光熱費含まず）

雑穀入りごはん（1膳）	50円
こんにゃく入りきんぴらゴボウ（小鉢）	50円
ひじきと豆のサラダ（サラダボウル）	160円
具だくさん味噌汁（どんぶり）	80円

一人前340円なり

便秘知らず「繊維質たっぷり定食」

パンとご飯、本当に太るのはどっち？

ごはんもいいけど
毎日食べると
おいしいけど…
太りそう…
誤解されているんだよな～
ちがうんだよね
ごはんって
お米は
稲のつぶつぶを
そのまま食べる
稲
米

つぶのまま食べるので
消化吸収がゆっくり
つまり
「腹持ちがいい」
「腹持ちがいい」と
つまり余計な間食を
しなくなる
コバラ
別バラ
ちょっとだけ
それに対して小麦は
穀物を粉にするから
消化吸収が早い
麦
小麦粉
粉モノ代表のパンや
お菓子は
脂質や砂糖、添加物も
入っている事が多いし

小麦粉はほとんどが輸入品
米はほとんどが国産
小麦粉
米
ごはんはパンや麺よりも噛む回数が多くなるので
しっかり噛むことで食べ過ぎないから肥満予防になるんだよ
カミカミ
そうなんだ～
ガッテン!!
ごはんのこと見直した
美味しさを追求した白いごはんもいいけど
上白米です
私のおすすめは…
胚芽米《はいがまい》や金芽米
白米と同じように炊ける
胚芽が残っている事によって
胚芽
でんぷん
ビタミンB1がしっかり摂れる
それも無洗米がいいよ
無洗米
金芽米
胚芽部分を研いで流さないようにするのが大事
胚芽やぬかの部分ってあった方がいいんだ

それはね〜
ちょっと歴史をさかのぼって
多くの人達が脚気になって
亡くなっていたんだよ
米は古来から日本人の主食だけど
日常的に白米を食べられるようになったのは歴史的にはつい最近なんだよね
大正時代まで脚気と結核は
2大国民病と呼ばれていたんだよ
大正12年 26000人以上 脚気で死亡
こわっ
精米技術が発達して白米が食べられるようになって
白米を腹いっぱい食べるのは江戸っ子のじまん
おかずは少々
ところで
ひなちゃん給食っていつまで食べていた？
糠《ぬか》や胚芽からビタミンB1を取らなくなってから
脚気《かっけ》にかかる人が続出
江戸わずらいと呼ばれていた
中学生までかな
けっこう給食って好きだったかも

学校給食で出るごはんって
ビタミンB1が入れてあるって知ってた?
白米にみえるけど
えーそうなんだ
しらなかった!
脚気って昔の病気じゃないの
現代でも脚気になる人が出てるらしいわよ
「隠れ脚気」だって
ジャンクフード
甘い清涼飲料
お酒の飲み過ぎ
インスタント食品
間違ったダイエット…で
慢性的なビタミンB1不足になり
脚気を発症するみたい
症状としては
もしかして脚気?
ぼ〜っとする
体がだるい
脚がむくむ
手足がしびれる
膝のお皿の骨の下の部分を叩いて
足が跳ね上がれば大丈夫って言われているよね
自炊するなら
栄養って考えてなかった
少しでも体に良いモノにしなくちゃね…
胚芽がしっかり残っているのが「胚芽米」
より白米に近いのが「金芽米」

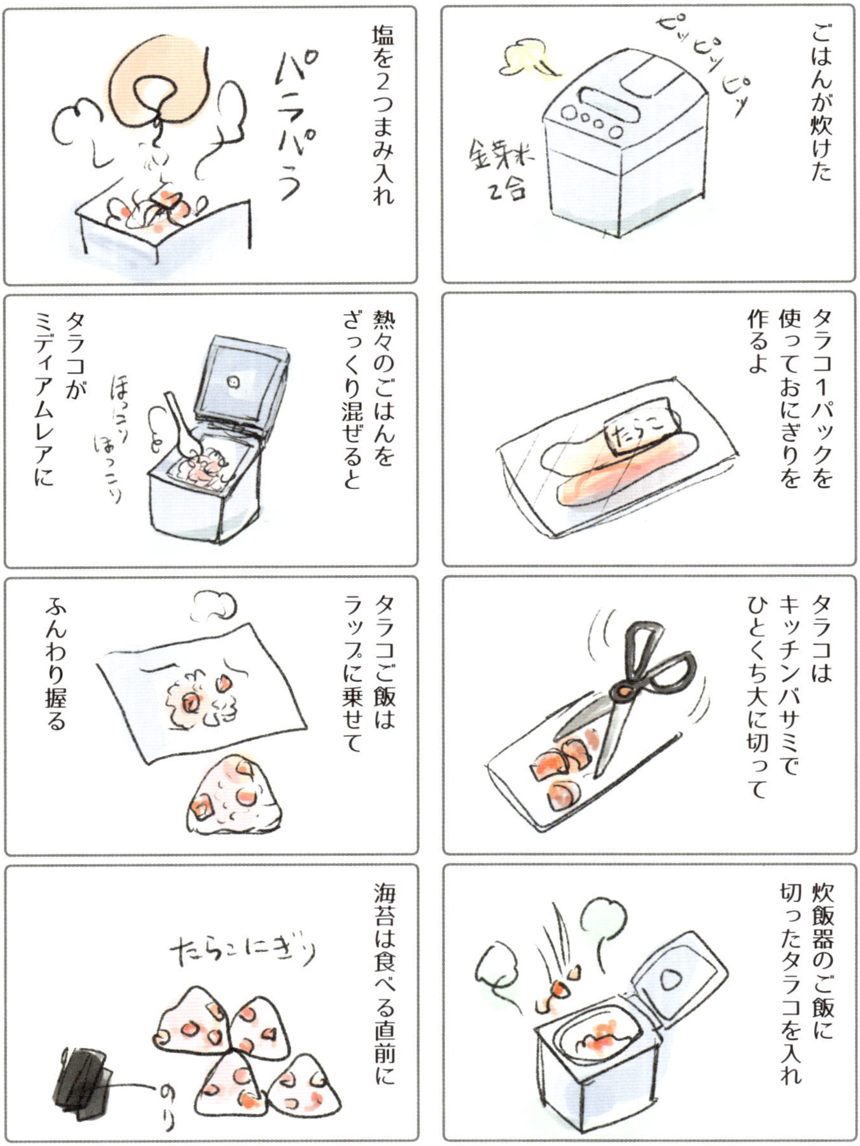
ごはんが炊けた
ピッピッピッ
金芽米2合
タラコ1パックを使っておにぎりを作るよ
たらこ
タラコはキッチンバサミでひとくち大に切って
炊飯器のご飯に切ったタラコを入れ
塩を2つまみ入れ
パラパラ
熱々のごはんをざっくり混ぜると
ほっこり ほっこり
タラコがミディアムレアに
タラコご飯はラップに乗せて
ふんわり握る
海苔は食べる直前に
たらこにぎり
のり

タラコたっぷり
「金芽米のタラコおにぎり」

今日のコスパ
（調味料、光熱費含まず）

タラコおむすび2個………約 250 円

コンビニ商品で健康的なごはんを作ろう！

さば

コンビニでごはんを買う時同じメニューになっちゃうんだよね

最近のコンビニは品揃えがいいから組み合わせ次第でバランスのいいご飯になるよ

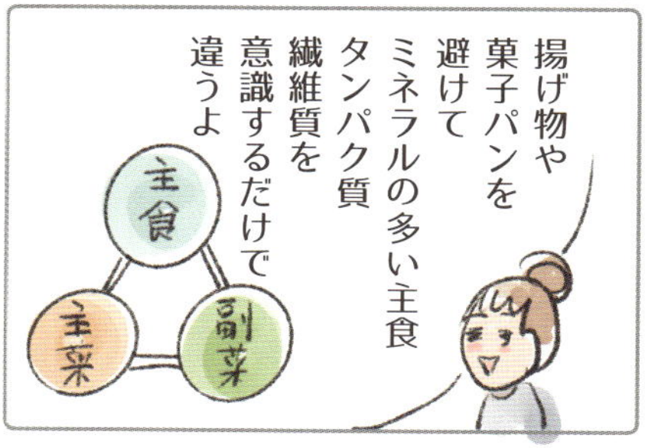
揚げ物や菓子パンを避けてミネラルの多い主食タンパク質繊維質を意識するだけで違うよ
主食
副菜
主菜

ミネラルが多い主食

ライ麦パン
全粒粉のパン
玄米おにぎり
雑穀おにぎり
玄米
なっとう巻き
ざるそば
つゆ
ざるそば

繊維質が豊富な副菜

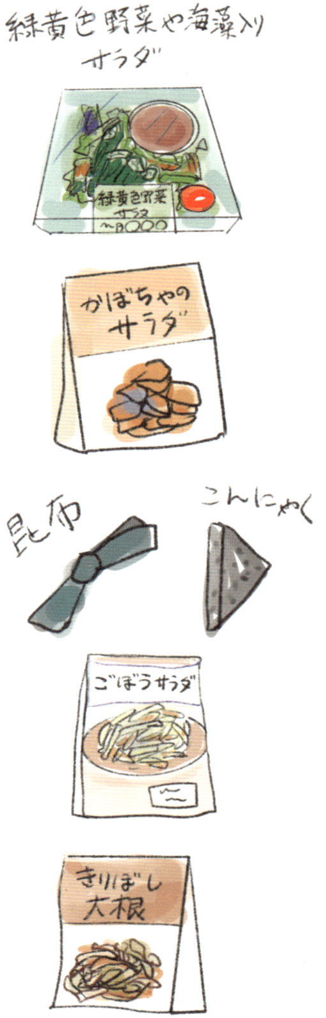

タンパク質が豊富な主菜

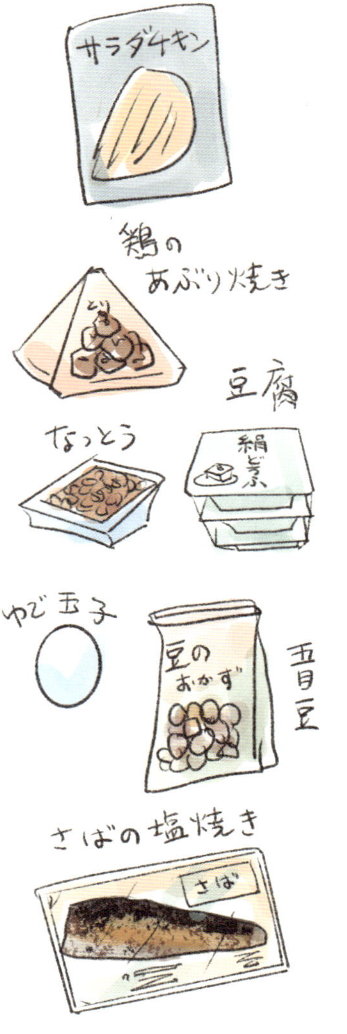

とにかく
やる気も
食材もない時は
どうしよう…

はあ〜

コンビニのカット野菜も
つかえるよ

コンビニ食材で野菜たっぷりラーメン

焼豚切落し
すきなラーメン
マルちゃん正麺
味噌味
ミックスカット野菜
洗わず使える

カット野菜を
サッと炒める

水を入れ
沸騰したら
麺を入れる

時間通り煮たら
スープのもとをいれる

どんぶりに
入れ

チャーシューを
乗せる

そのまま
サラダ
サラダチキン
カット野菜

なんにもやりたくない時もあるんだよね～
だいじょうぶコンビニでもなんとかなるって
サラダフィッシュ さば
たんぱく質
玄米ごはん
レンジで2分
ビタミン

食物繊維
カルシウム
ミネラル
たんぱく質

栄養バランスを
考えて
おでんの種を
バラエティ豊かにする

うの花
食物繊維

健康志向の
野菜たっぷり
低カロリーの
スープ

ささみともち麦の生姜スープ
野菜たっぷりスープ

最近のコンビニは
ひとり暮らしに
ぴったりの
サイズの
惣菜が売っている。
卵の花（おから）、
玄米ごはんのパック、
筑前煮、五目豆
やる気の出ない日に
利用しない手はない

これはNG!!
ハッ
知らない内にジャンクなものを買っている

納豆、キムチ、味噌はスーパーフード

とも姉の自家製ぬか漬けおいしい
スーパーで売っている「ぬか床」に野菜を入れているだけだけどね
発酵ぬかどこ
「ぬか漬け」って生野菜や温野菜にない栄養が豊富なんだよ
野菜ならなんでも漬かるよ

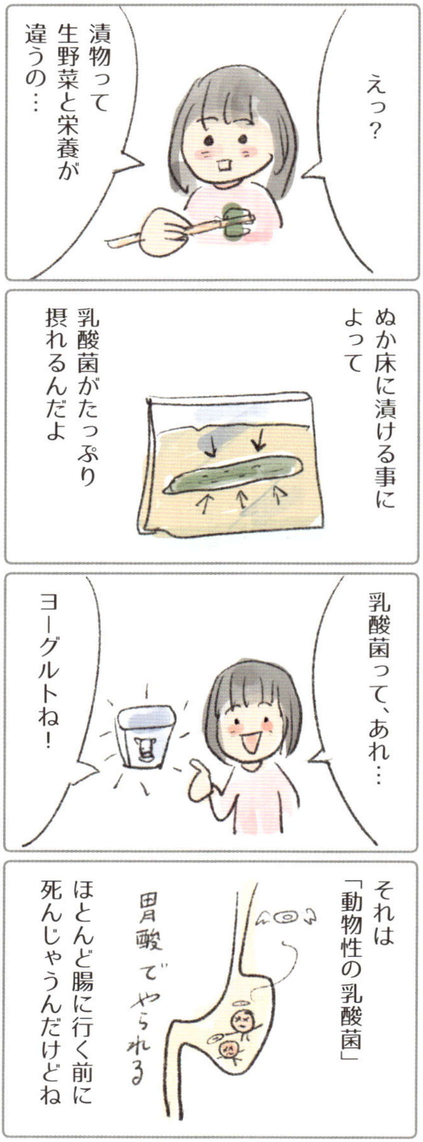
えっ？
漬物って生野菜と栄養が違うの…
ぬか床に漬ける事によって
乳酸菌がたっぷり摂れるんだよ
乳酸菌って、あれ…
ヨーグルトね！
それは「動物性の乳酸菌」
胃酸でやられる
ほとんど腸に行く前に死んじゃうんだけどね

死んじゃうんだけど
腸に住んでいる善玉菌の餌になるからムダではないのよ
ぬか漬けに含まれる「植物性乳酸菌」は
100年もののぬか床も
腸まで届き腸内環境を整えてくれてなにより日本人の体に合っているし
腸内環境気になるけど
私はスーパーで漬けたやつでいいや
でもスーパーで売られている漬物は
調味料で漬物の味を作り出したものが多くて
だから発酵していなくて
そういえば
添加物いっぱい
乳酸菌もなかったりするのよ
冷たいフライパンにサラダ油と塩を入れて
八百屋さんの自家製ぬか漬けとか
自分で漬けるしかないのよ
はぁ〜
さらにハードルが上がった
そんなに深刻に考えなくてもいいよ
発酵食品は身の回りにたくさんあるから

すぐ食べられるもの
代表
納豆
キムチ
えーっと、私は…
ごめんっ
ここひと月
みそ汁１杯も
食べてないわ〜
和食の調味料の
多くは発酵調味料
醤油
日本酒
みりん
お酢
そして
おみそ
本みりん
日本酒
米酢
無添加
みそ
はぁ〜
ゼロか〜〜
日本の発酵食品は
スーパーモデルも
食べている
スーパーフード
Love
Miso
Soup
これは…日本の味噌の
未来が危ない！
若い人ほどみそ汁を
食べてほしいんだよね
とも姉
あついよ！
私にとっては
味噌はソウルフード
おふくろの味
おかあさ〜ん
ひなちゃんも
みそ汁食べてる？
ひなちゃんに
おすすめは
「出汁入りの液みそ」
が便利！
料亭の味
えきみそ？

液みそで作る「インスタントみそ汁」

¥ 今日のコスパ ¥
(調味料、光熱費含まず)

わかめと豆腐のみそ汁…… 約50円

出汁《だし》は市販のもので十分間に合う

イヤミなんだよ
結局
出汁の話し
延々聞かされた…
とも姉は
やっぱり出汁とってる?
会社で出汁の話しに
なったら…
こんぶだし
うどんはあごだし…
かつおだし～…
余裕がある時は
干ししいたけや昆布で
お出汁をとったり
する事もあるけど
あしたのみそ汁のお出汁
女子力アピールの
先輩が…
おだしとらないなんて考えられないわ～
わたしが一番使うのは
これかな
無添加
茅乃舎だし
昆布やいりこを
粉末にしてパック詰め
になっているもの
出汁にうるさいって
いうか…
ちゃんとお出汁とってる?
ええまあ～
袋ごと煮るタイプ。
だけど
お好み焼きにも
私は袋を切って
まるごと食べてます

汁物の他に炒めものやチャーハンの味付けお好み焼きに混ぜたり
問題なくおいしいよ
こういうタイプのお出汁パックは
これは
選んだほうがいい
煮干粉なんかは好き嫌いもあるから
舌ざわりくせがある
自分好みの味を探してみて
あと鶏がらスープコンソメも買ってる
めんつゆ
めんつゆなんか出汁入りだから重宝してるよ
あと…考え方を変えて
あんまり出汁に頼らないで料理をしてる
食材の素材自体を味わって食べる
ほくほく
気分は食レポ
世の中には甘いもの、こってりするもの、味の濃いものがあふれているから
時々自分の味覚をリセットするつもりでね
そんなに重く考えなくても
きらくにね
市販品も適当に使いながらお料理を続けるのがいいよ

常備菜の定番 ひじき煮で、おしゃれ五目いなり

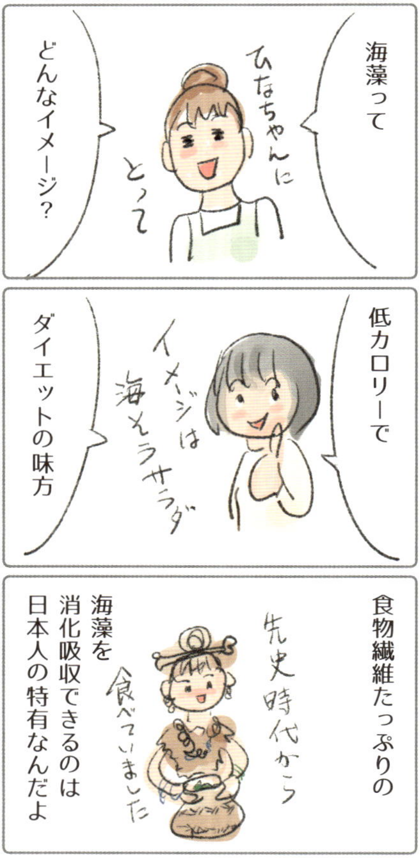
海藻って
ひなちゃんにとって
どんなイメージ？
低カロリーで
イメージは海そうサラダ
ダイエットの味方
食物繊維たっぷりの
先史時代から食べていました
海藻を
消化吸収できるのは
日本人の特有なんだよ

私たちって
日本人とくゆう
消化できる
体なんだ…
でも
海藻っていったら
コンビニの
海藻サラダしか
思い浮かばないなー
それも
あんまり
買わないかな…
コンビニに行くと
限定スイーツ出たー
他のものに
目がいっちゃて

海藻の乾物は
ひとり暮らしの
強い味方！
保存性バツグン
わかめ
ひじき
芽ひじき
三陸わかめ
意外と
見逃しちゃうのが
海苔
一番カンタンに
食べられるし
焼きのり
では、ひじき煮を
作ってみよう
お弁当や
定食のレギュラー
芽ひじきはひと袋
水に戻す
フライパンを
ボウル代わりに
約5分でもどる
ざるにとり
さっと洗う
水を軽く切った
ヒジキはそのまま
フライパンで待機
あれば、油揚げ
にんじんの千切り
を投入
なくてもいいよ
フライパンの具材に
ごま油を垂らして
ひたひたの水を入れて

ふたをしてから
火をつける
ただし
ちゃんと熱が回るよう
にふたをする
弱火で
食材を順番に
入れるとかは
激せまキッチンでは
難しいし
おき場所
ないしー
よくあるのは
熱くなった強火の
フライパンで
ジャージャー
炒めるけど
ただし
フライパンのふたの
移動だけは
水平に
ずらさないと
弱火のほうが
私は失敗しないんだな
基本的には
弱火
ふたを
タテに
開けると
ふたに
ついた
水滴が
フライパンに
落ちてしまう
ジュワ～!!

水気がなくなってきたら
チリチリチリ
めんつゆを適量入れる
ひと煮立ちさせて完成
めんつゆの濃さや材料の分量で
違いがでてくるから味見をしてね
うん、よし
汁気がなくなったところで火を止める
だいたい10分もかからないよ
完成!!
ふむふむ 10分もかからない…
ふむふむ
ひじきって一時間以上煮込んでつくる
イメージが有るんですけど
ひじきは加工する工場でかなり煮てるから
そんなに煮なくても大丈夫
蒸し煮されている
芽ひじきなんか水で戻しただけで
食べられるよ
熱湯でもどしてからサラダに

ひじき煮を使って
五目いなりを作るよ
五目いなり?
熱いごはん2杯分に
ひじき煮大さじ2
お酢大さじ2を混ぜる
市販の稲荷揚げが
甘いから
すし飯の部分は
お砂糖なしでOK
味つけ
いなりあげ
カンタン
ベンリ
稲荷揚げは熱湯に
つけて湯煎しておくと
開きやすいよ
すし飯を
9個分握ってから
いなり寿司にする
砂糖、卵1個を
マグカップに入れ
よく混ぜる
電子レンジ
(600w・30秒)で
加熱し、さらに混ぜて
予熱で炒り卵にする
冷凍のむきえびは
マグカップに入れ
水を少々入れ
(600w・60秒)で
加熱する
冷凍枝豆も
レンジで加熱する
いなり寿司に
炒り卵、むきえび
枝豆をトッピング
のせる

“常備菜の定番ひじき煮で、おしゃれ五目いなり”

「ひじき煮はバリエーションが無限」

¥ 今日のコスパ ¥
（調味料、光熱費含まず）

ひじき煮（1袋分）…… ……200円

ひじき入り 贅沢いなり寿司（9個）………………… ‥約300円

魚を焼くときは、グリルよりもフライパンがいい

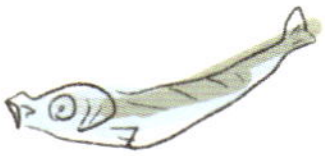

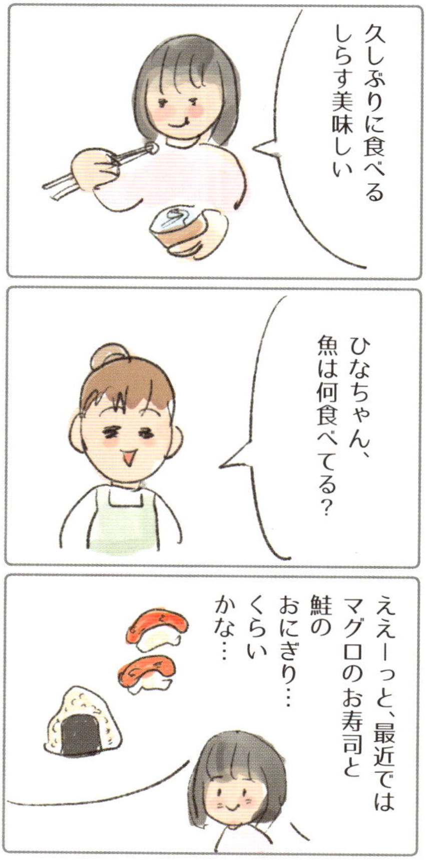

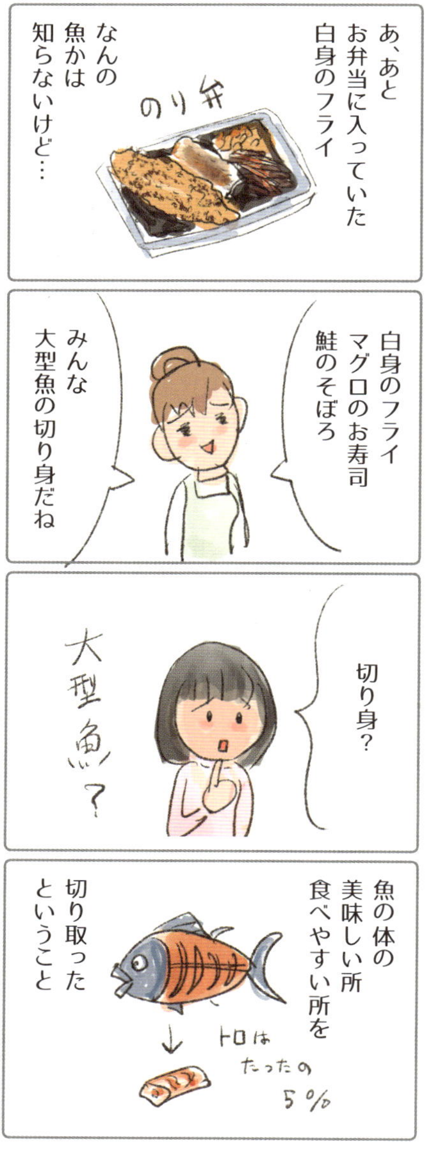

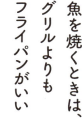

たとえばマグロの
トロは大きな体から
トロ
うまっ
一番脂ののった部分
そこには
骨も皮も内臓も
含まれてないし
トロは
戦前までは
捨てられていた
しかも脂は
たっぷり…
しらすのような
小さい魚は
頭からしっぽまで
丸ごと食べられる
まるごとって
いいの？
？
まるごと食べるって事で
多くの種類の栄養素を
摂ることができるよ
たとえばしらすは
骨ごと食べるから
牛乳の5倍の
カルシウム
カルシウムたっぷり
なるほどね〜
食べるのも
簡単だし、いいかも！
しらすの他に
まるごと骨ごと
食べられる魚って
なにがある？
ムリ
ムリ

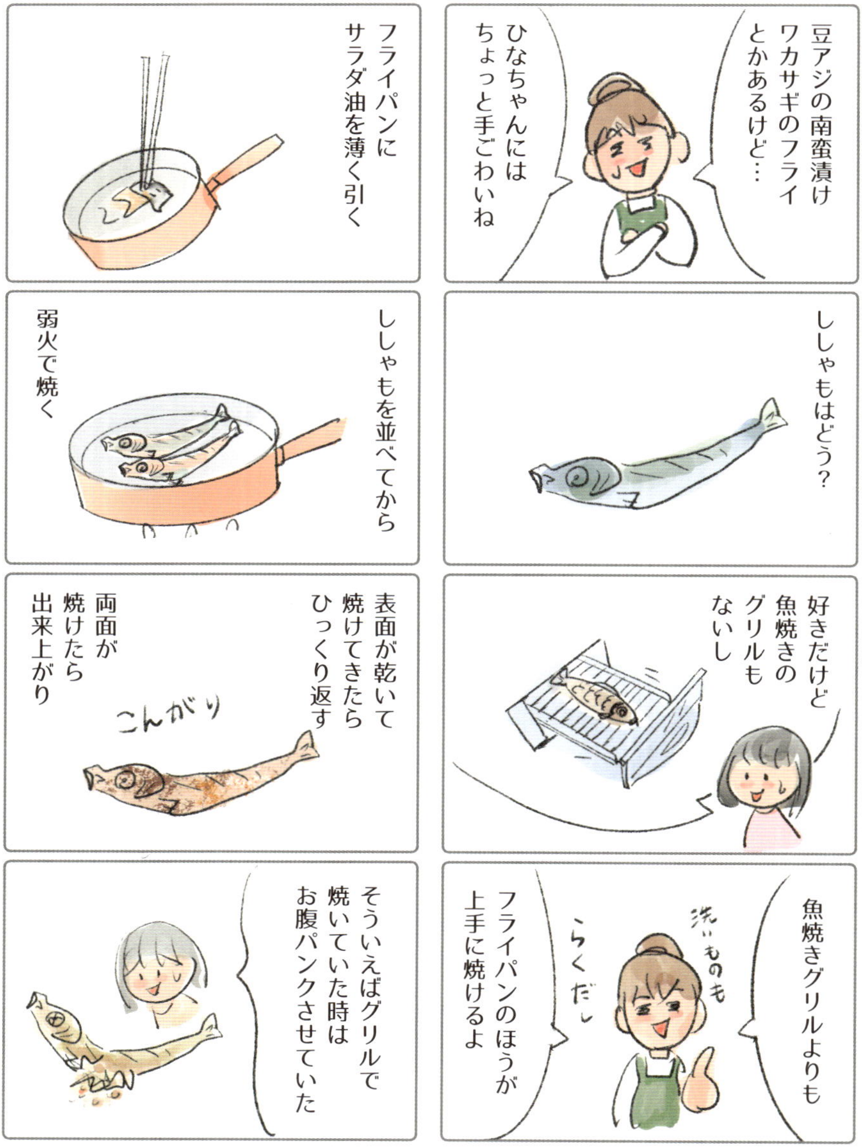
豆アジの南蛮漬け
ワカサギのフライ
とかあるけど…
ひなちゃんには
ちょっと手ごわいね
ししゃもはどう?
好きだけど
魚焼きのグリルも
ないし
魚焼きグリルよりも
洗いものも
らくだし
フライパンのほうが
上手に焼けるよ
フライパンに
サラダ油を薄く引く
ししゃもを並べてから
弱火で焼く
表面が乾いて
焼けてきたら
ひっくり返す
こんがり
両面が
焼けたら
出来上がり
そういえばグリルで
焼いていた時は
お腹パンクさせていた

鮭の切り身でも同じように美味しく焼けるよ
こんがり
それなら出来るかも
そうなんだ〜
缶詰もおすすめだよ
下ごしらえもないし骨ごと食べられる
保存性もコスパも♡
いわし
味つけ
そのままでもいいけどチューブのニンニクをのせて
缶を開けて
ニンニク
ピザ用チーズをのせる
チーズどっさり
そのままオーブントースターで10分焼く
ごはんにも合うけどおすすめは
フランスパンでオープンサンド
おしゃれ
魚の缶詰って安いし栄養たっぷり
いざという時の非常食にもなるから

あとは
じゃこ天って
知ってる？
これこれ
アラスカや太平洋などの
漁場で捕られた
白身魚の骨や皮を
除去して
「ＳＵＲＩＭＩ」になるの
SURIMI
ちなみにスリミは
世界共通語なんだよ
あっ、それ
さつま揚げ
だよね
じゃこ天は近海の
小魚を骨ごと皮ごと
磨り潰して揚げたもの
中まで黒い
カルシウムたっぷり
見た目は同じでも
さつま揚げと
じゃこ天
じゃこ天は原料も
食感も違うんだよね
じゃこ天は
炒めても
じゃこ天とピーマンのきんぴら
さつま揚げ ちくわ
カニカマ かまぼこ
などの練り物は…
ねりねり
原料のほとんどが
輸入された冷凍すり身
煮てもおいしい
じゃこ天うどん

「魚まるごと・じゃこ天」を食べる

¥ 今日のコスパ ¥
（調味料、光熱費含まず）

じゃこ天（三枚・一袋）……約150円

じゃこ天とピーマンのきんぴら
じゃこ天、ピーマン一人前‥約80円

じゃこ天うどん …一人前 約 100 円

味付けはめんつゆだけ！卵とろとろ親子丼

めんつゆ
味ぽん

めんつゆは
出汁、しょうゆ、甘みを
バランスよく配合
社運をかけて
メーカーさんが
頑張ってくれてます

和食が体に良いって
わかっているけど
一人前の味つけムズッ
味付けが
決まらないんだよね
かつおベース
昆布ベース
かつお節
こんぶ
おすすめは
濃縮タイプ
そんな時は
めんつゆで
解決
めんつゆ
薄めて使うんだよね
ドバドバ
いつも
適当に使うけど
めんつゆって
そばを食べる時に
使うヤツだよね
つるつる
基本の割合は
ラベルの裏に
書いてあるよ
ホントだ
気がつかなかった

煮物とか鍋物にも使えるって書いてある
そうだよ めんつゆで親子丼を作ってみよう
めんつゆと水を1対2の割合で薄め
鶏もも
玉ねぎ
鶏肉と玉ねぎを煮て
卵を流しいれ、よく混ぜて、ひと煮立ちして
すぐにご飯の上に
トロトロ卵の
「親子丼」だよ
きざみのりをトッピング
ポン酢も便利
味ぽん
ゆず
出汁 しょうゆ 酢や果汁でできているのでさっぱりした味
ドレッシングになったり
たことキュウリの酢のもの
和風サラダ 酢の物になるし
肉や野菜フライパンで焼いてポン酢かければなんでもおいしいよ
和風のさっぱり味
初心者は市販の調味料に大いに頼るべし
さんせい
選ぶなら無添加のものを

味つけは「めんつゆだけ」or「ポン酢だけ」レシピ

「卵とろとろ親子丼」

（1人前 100円）

フライパンに、めんつゆ（大さじ 2）と水（大さじ 4）と 玉ねぎのスライス（1/4個）、鶏肉（50 グラム）、を煮立てる。鶏肉に火が通ったら、火を消して卵を回し入れ、熱々のごはんにのせて刻みのりをトッピング。

焼きのりを切って
ビンに
入れただけ
焼きのり
しけどめ

「半熟煮卵」

（1個 20 円）

卵は、7分茹でて冷水に入れて殻をむく。めんつゆと水を1対1で割ったつけ汁を作る。ポリ袋につけ汁と玉子を入れて一晩おく

「ナスのしょうがポン酢」

（1人前 50 円）

切ったナスをフライパンで大さじ 1 の油でゆっくり炒め、ポン酢をかけ、チューブのショウガを添える。

「長芋のポン酢和え」

（1人前 50 円）

長芋を細切りにしてポン酢をかけ、刻みのりをトッピング。

ポン酢で作れる豚肉のステーキ

目からウロコ
肉を焼いている音って
鉄板に肉汁が流れて焼ける音なんだよ
ジュワ〜
冷たいフライパンに油を入れスライスしたニンニクと塩コショウした豚肉を入れる
片面2分ずつ焼いてフォークを挿して透明な肉汁が出たらOK
ニンニクはカリカリになったら取り出しておく
弱火でジワジワ焼く
弱火？
し〜ん
最後に強火にして10秒くらい焼き
香ばしさを出す
ジリジリ
脂の部分を焼くと香ばし
肉のタンパク質は65度で固まるの
だから弱火でジワジワ焼くほうがジューシーな仕上がりになるよ
ポン酢しょうゆをドバドバかけて完成

「豚肉のポン酢ステーキ」

にんにくと豚肉を、油を引いた冷たいフライパンから焼く。 火が通ったら、ポン酢をかけて仕上げ。

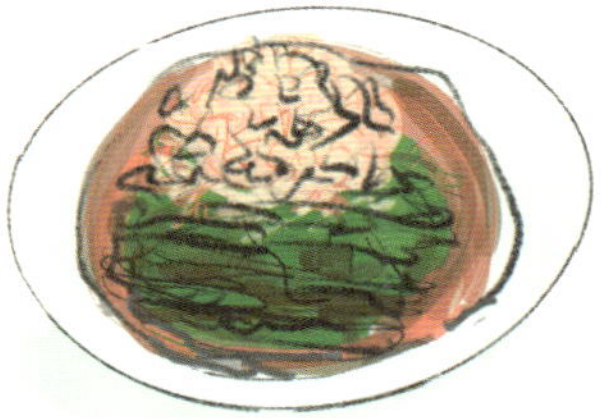

「ほうれん草のめんつゆおひたし」

1 対 2 で薄めためんつゆに浸してしばらく置く。 食べる時はかつお節をかける。

「きゅうりとわかめの酢の物」

薄切りにしたきゅうりを塩もみして水気を絞る。熱湯で戻した乾燥わかめと混ぜてポン酢で和え、ゴマをふる。

「ズッキーニのソテーポン酢かけ」

ズッキーニをオリーブオイルで焼いて、ポン酢をかけるだけ。

食材は空気を抜いて冷凍保存

冷凍しよ

白菜はざく切りにしてポリ袋に入れて空気を抜いて縛る

鍋用に!

買って来た食材をパックのまま冷凍してはいけません

NG!!
パックそのまま
野菜そのまま

両手に乗るくらいの野菜で約300グラム
ほぼ一日分の野菜が摂れる

野菜は切って小分けにしてポリ袋に入れ

魚や肉の切り身は一切れずつラップしてからポリ袋に

さけ
ししゃも
お肉

空気をしっかり抜いてポリ袋の口を縛る

片手にのるくらいで
約100g

初心者には使い勝手のいい市販のバラ凍結のひき肉がおすすめ

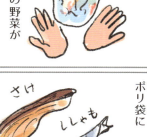

冷凍野菜を使って電子レンジで味噌汁を作る

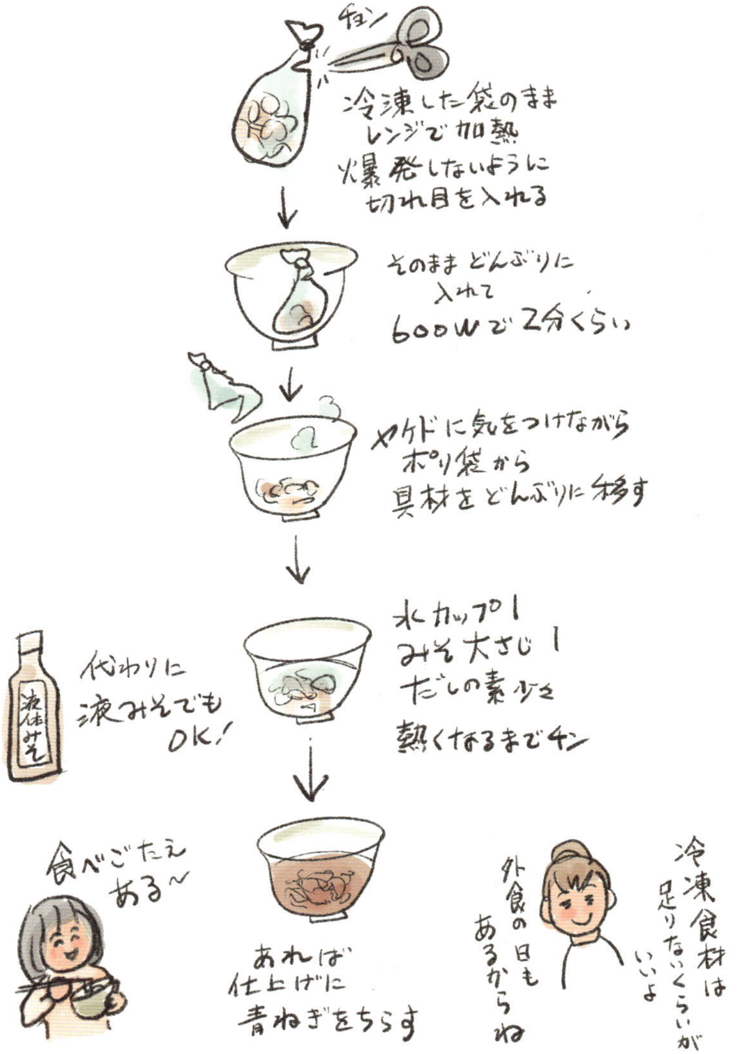

6種類の具材が入ったミックス冷凍野菜

にんじん

まいたけ

えのき

小松菜

しいたけ

玉ねぎ

ひとふくろ
50円

冷凍野菜はスープや煮こみにむいているよ

冷凍野菜と
じゃこ天のスライスで
具だくさんうどん

冷凍野菜に
ひき肉を足して
カレーに

ブタ肉を足して
焼きそばに

小松菜って
アクが少ないから
なんでも
合うね

小松菜は
カロテン、カルシウム
鉄分が豊富です

疲れた日には冷凍弁当が役に立つ

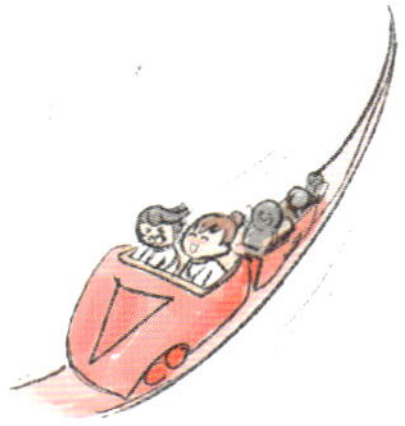

いっぱい遊んだね～
楽しかった～
いまごろになっておなかすいた～
グ～
こんな時間だけどなんか食べて行く？
今日は外食ばっかだからささっと家で食べよう
夜もおそいし

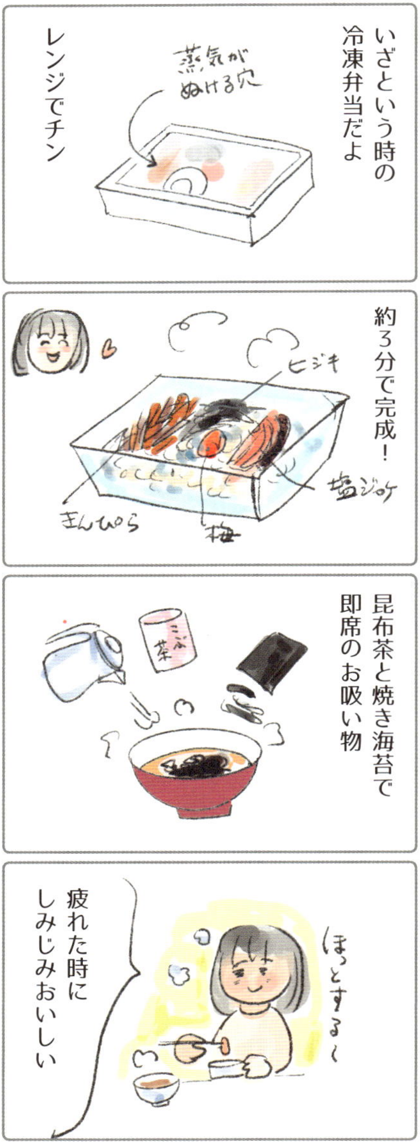
いざという時の冷凍弁当だよ
レンジでチン
蒸気がぬける穴
約3分で完成！
ヒジキ
塩ジャケ
梅
きんぴら
昆布茶と焼き海苔で即席のお吸い物
こぶ茶
疲れた時にしみじみおいしい
ほっとする～

レンジでチン!

塩こんぶ
梅干し
しらす

市販品を乗っけるだけの「冷凍弁当」

レンジでチン!

梅干し
わかめふりかけ
鮭そぼろ

レンジでチン!

卵そぼろ
肉そぼろ
ほうれん草のバター炒め

手作りおかずの「冷凍弁当」

レンジでチン!

紅ショウガ
豚バラ塩焼き
ごま
ピーマン炒め

レンジで加熱する時ムラが出ないようにご飯の上におかずをのせるスタイルにしてる

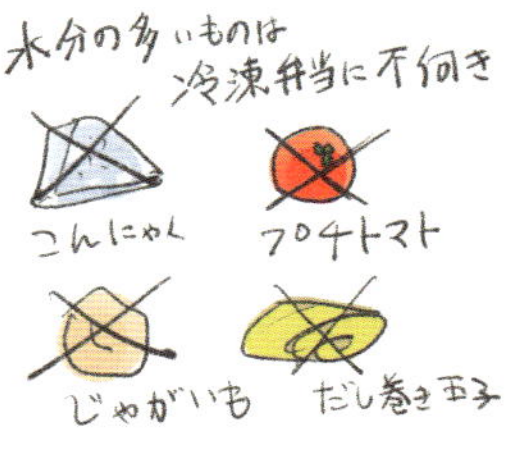
水分の多いものは冷凍弁当に不向き
こんにゃく
プチトマト
じゃがいも
だし巻き玉子

野菜のシャキシャキ感は塩のタイミングがカギ

天塩

ほうれん草は
袋の中に水を入れて
さっと洗う

泥が残りがちな
根元は広げて
流水で洗う

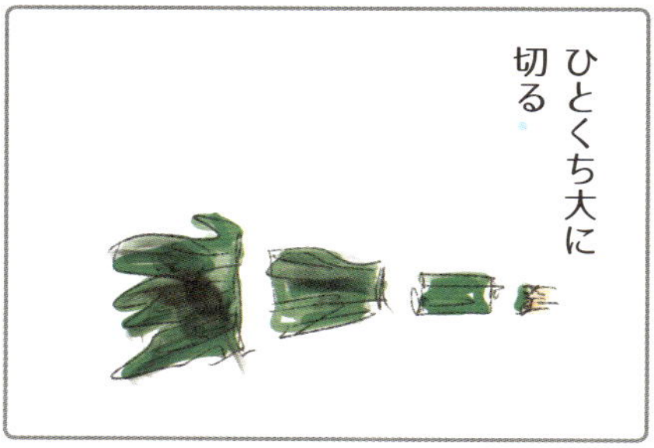
ひとくち大に
切る

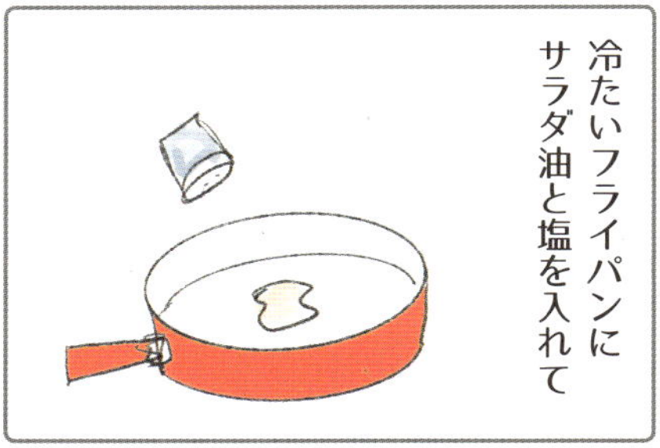
冷たいフライパンに
サラダ油と塩を入れて

火をつけフライパンを
温めたら
根元から順に
入れて

全体に火がまわったら
出来上がり
炒め時間
60秒

塩味がついた油が
ほうれん草を
コーティング
野菜の水分そのままで
歯ごたえシャキシャキ
シャキ
シャキ

油を温めてから炒める
「ほうれん草炒め」

ハムや
コーンを
加えて
朝ごはんに

ほうれん草にはカロテンや鉄分、ビタミン、葉酸と多くの栄養が含まれていますがシュウ酸カルシウムも多く、結石の原因物質のひとつともいわれています。一般的には、多量にほうれん草を食べない限り、問題はないとされています。気になる場合は、サラダ用ほうれん草を使ってソテーしてみてください。

料理の幅が広がる塩もみ野菜

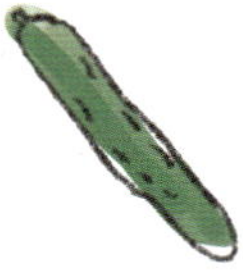

塩は味の決め手だから
にがり入りの
天塩を選んでね

塩もみ野菜は
浅漬のような
サラダのようなもの

きゅうりの場合
ヘタを切って

薄切りにして
ポリ袋に入れる

きゅうり2本で
200グラムとすると

自然塩小さじ1/2
(3グラム)ぐらい

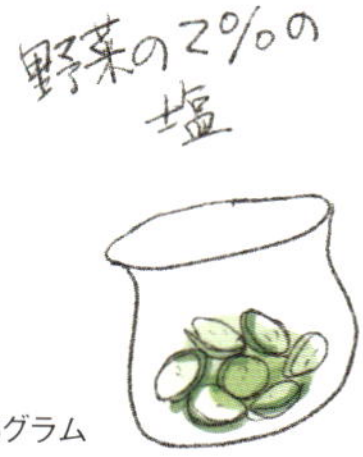

※塩小さじ1だと6グラム

ポリ袋の中で
まんべんなく塩を
まぶしてから
空気を抜いて密閉する

そのまま
10分程おくと
浸透圧できゅうりの
水分が出てくる

しんなりしたら
ポリ袋の上から
よくもむ

野菜のカサが減り
水分がたっぷり出る

袋の角をハサミで
切って出た水を
捨てて

しっかり
絞れば完成

ごはんにぴったりな
一品に

塩もみ野菜は
酢の物やサラダなどの
ベースになるから
覚えておくといいよ

「きゅうり、人参、キャベツの塩もみ野菜」

「大根サラダ」

細切りにした大根を塩もみして
カニカマとマヨネーズで和える。

「スパゲティサラダ」

茹でたスパゲティと塩もみ野菜とマヨネーズを和える。

お財布に優しいもやしは使いまわせる

もやし

もやしはたんぱく質が多い豆を発芽させることでビタミンも増えているんだよね
工場で作るから低価格安定

袋の中でさっと洗って
水から沸かす
もやし

沸騰したら軽く混ぜて
火を止める
OK!

ざるに取って水気をしっかりきる

熱いうちに塩とごま油、おろしニンニクすりごまをまぶす
にんにく

シャキシャキもやしナムルに

一人前10円って
もやしさん
ありがとね!!

「もやしの豚バラ巻」

豚バラで巻き、フライパンで焼いてポン酢で食べる。

「もやしのスープ」

豚肉、玉ねぎ、もやしを炒め、とりガラを入れて醤油で味付け。

「もやしのお好み焼き」

もやしに小麦粉と卵を混ぜて焼くだけ。ソースとマヨネーズをかけて完成。

「もやしと卵炒め」

もやしを炒め、鶏ガラスープの素で味付けた卵を入れて炒めて塩コショウで仕上げる。

にんじんは加熱すると甘くなる

カロテンたっぷりのにんじん

油で炒めることでカロテンの吸収率はアップするよ

人参は皮ごと使う
出来る限り細切りに

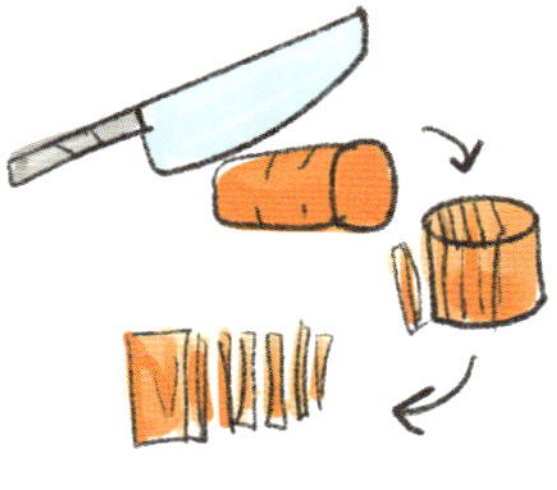

スライサーを使うと楽だよ

冷たいフライパンに油を引いてにんじん投入

フタをして蒸すように弱火でじわじわと
時々かき混ぜて油をまぶす

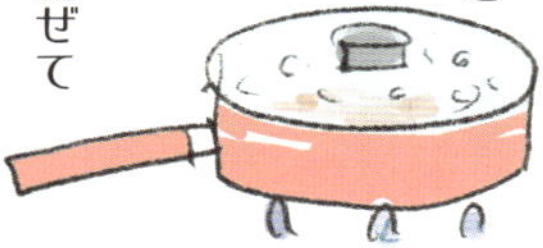

しんなり柔らかくなったら塩をバラバラ

びっくりするほどにんじんが甘くなるよ

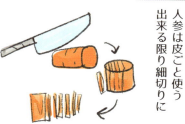

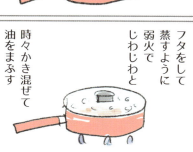

「にんじんの塩炒め」

「にんじんしりしり入りのチャーハン」
にんじんしりしりとソーセージを具材にしてチャーハンにする

「にんじんしりしり」
ツナと玉子を足して沖縄風人参しりしり

かぼちゃって
サラダでも
スープでも、
そのままでも
おいしい

スプーンで
ワタを取る
かぼちゃは
ひとくち大に切る
かぼちゃに
塩をまぶす
やや多め
しおで
かぼちゃから
汗をかくまで待つ
（10分程度）
冷たいフライパンに
皮を下にして並べて
1センチくらい
水を入れる
フタをして
弱火で蒸煮にする
水気がなくなり
やわらかくなったら
仕上がり
かぼちゃのシンプルな
甘みが
まるで栗!!
味付けが塩だけだから
素材としても
使い回しが出来るよ
サラダやスープに
したり

「塩かぼちゃ」

「かぼちゃのチーズ焼き」

塩かぼちゃ、ピザ用チーズ、にんにく（チューブ可）をフライパンに入れ、じわじわ焼きつける。チーズから油が出るので油はひく必要なし。とろけたチーズの端っこがカリカリになったら、裏返してもう片面も焼く。味を見て塩コショウを振る。

「かぼちゃのサラダ」

サイコロ状に切った塩かぼちゃ、ベビーチーズ、お湯で戻したレーズンと一緒にマヨネーズで和える。

「かぼちゃのスープ」

塩かぼちゃをポリ袋に入れ、モミモミしてペースト状に。温めた牛乳に混ぜ、鶏ガラスープで味をつける。

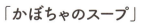

しょうゆがあれば何でも作れる

しょうゆだけの炒めピーマン
今や世界中で使われている
しょうゆ
おしょうゆを選ぶ時は製造ラベルを見て
できれば原料がシンプルなモノを
原料 大豆 小麦 塩
ピーマンは半分に切りヘタを内側に向かって折るように外すと
きれいにヘタだけ取れピーマンにムダがない
ピーマンを細切りにする
サラダ油を入れたフライパンに入れて火をつけ
ゆっくり炒める
しんなりしてきたらしょうゆを回し入れる
おべんとうの定番
お好みでかつお節をかける

「炒めピーマン」

「しょうゆのりトースト」

焼いたトーストにマーガリンを塗り、しょうゆをまわしかけ、のりをトッピング。

「しいたけ炒め」

ピーマンをしいたけに代えるとしいたけ炒めに。しいたけは石づきを切り 軸はスライスする。

液味噌で作るナスとピーマンの肉味噌炒め

料亭の味
ナス1本は薄切り
ピーマン2個はひとくち大に
豚ひき肉100グラム
ナスのアクはポリフェノールだからそのまま料理
あくぬきナシ
冷たいフライパンに多めの油とひき肉を入れて火をつけ
肉から油が出た所でナスを投入
ナスは油を吸って甘くなるから
ナスがクタッとなったらピーマンを入れる
ピーマンに火が通ったら火をとめ液味噌を混ぜあわせる
甘めが好きならお砂糖プラス
味噌が混ざってから火をつけて香ばしく仕上げる
好みで一味唐辛子を

「ナスとピーマンの肉味噌炒め」

「味噌チゲ」

市販のキムチと液味噌と豆腐を合わせてレンジで温める。

「味噌風味の焼きおにぎり」

フライパンでおにぎりを焼き、液体味噌をつけてサッと焼く。

卵の使い方は無限大！

熱々ごはんにしょうゆをかける
卵をおとす
混ぜない卵をごはんにまとわせながら食べる
卵の旨味がしっかり味わえます
生卵を白身と黄身に分けてから
白身
黄身
白身をご飯にかけて全力でかき混ぜふわふわにする
グルグル
黄身を戻してしょうゆを垂らしていただく
白い雲の上にお月様が
ふわふわ感と黄身の濃厚さが
口全体に広がります
うま〜
たまごすげ〜

「おかか卵ご飯」

かつお節を敷き詰めたご飯の中央に卵黄をおとし、しょうゆをたらす。

「カルボナーラ風ご飯」

たっぷりの粉チーズ、塩コショウ、生卵を、熱々ごはんに混ぜて、カリカリベーコンをのせる。

ベーコンをクッキングペーパーで挟んでチンするとカリカリベーコンになるよ

「卵かけうどん」

電子レンジで温めたうどんに卵をのせる。あれば、ネギ、揚げ玉、刻み海苔の薬味を乗せ、しょうゆかめんつゆで。

「卵のっけトースト」

マヨネーズの土手を作って卵を流し、オーブントースターで焼く。

ごはんが進む カリカリ豚バラ丼

豚バラ肉と
白いごはんの相性は
バツグン

豚バラ3枚に
しっかり
両面塩をふる

冷たいフライパンに
豚バラを広げ点火
弱火でジワジワ
焼いていく

焦げ目がついたら
白いごはんにのせる

フライパンに残った
豚肉の脂で
目玉焼きを
焼く

フタを開けて焼くと
卵の黄身が
鮮やかに焼けるよ
ホントだ!!

あれば
青ネギとごまを
トッピング
塩気の
ある
豚の脂で
ごはんが進むよ!

「簡単サムギョプサル風」

サニーレタスにキムチと一緒に焼いた豚バラを包んで食べると韓国風に。

「豚バラ丼」

味付けは塩だけなので、豚の旨味が味わえます。
お好みで、黒胡椒やしょうゆをかけてもおいしい。

電子レンジでホクホクじゃがバター

「じゃがバター」（1人前40円）

よく洗ったじゃがいもに、切れ目を入れてラップして、竹串がすっと刺さるまで４分（600W）加熱。バターを乗せて、塩コショウをふる。

「レンジで本格リゾット」

（1人前100円）

生米（大さじ3）、水（300cc）、コンソメ1/2個を大きめの耐熱容器にいれて10分（600W）加熱。仕上げにたっぷり粉チーズをふる。

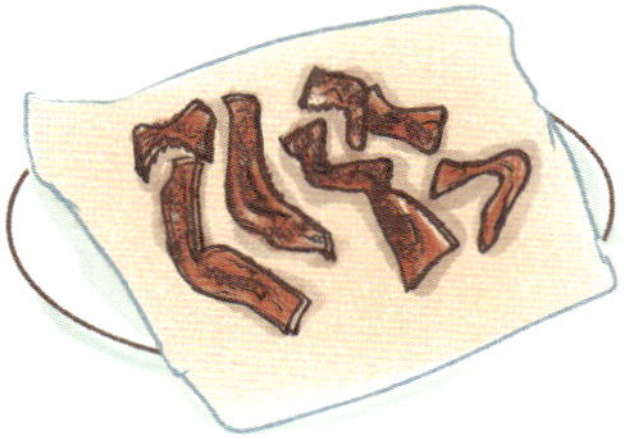

「カリカリベーコン」

（1人前100円）

ベーコンをクッキングシートの間にはさみ、カリカリになるまで、約2分（600W）レンジで加熱。

「まるごとトロ玉ねぎ」

（1人前40円）

4つに切った玉ねぎをラップしてとろっとするまで5分（600W）レンジで加熱。おかかとしょうゆをかける。

お鍋ひとつで具だくさんクラムチャウダー

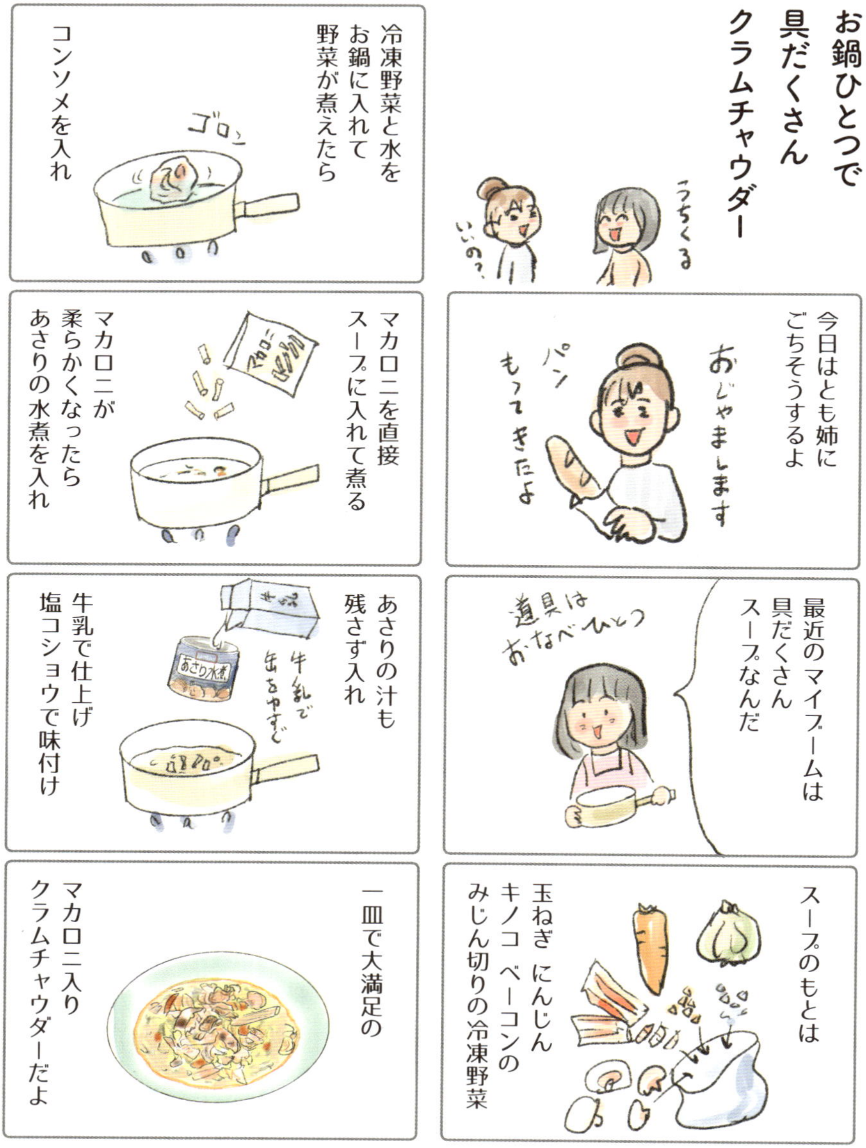
うちくる
いいの?
今日はとも姉にごちそうするよ
おじゃまします
パンもってきたよ
最近のマイブームは具だくさんスープなんだ
道具はおなべひとつ
スープのもとは
玉ねぎ にんじん キノコ ベーコンのみじん切りの冷凍野菜
冷凍野菜と水をお鍋に入れて野菜が煮えたら
コンソメを入れ
ゴロン
マカロニを直接スープに入れて煮る
マカロニが柔らかくなったらあさりの水煮を入れ
マカロニ
あさりの汁も残さず入れ
牛乳で仕上げ塩コショウで味付け
牛乳
あさり水煮
牛乳で缶をゆすぐ
一皿で大満足の
マカロニ入りクラムチャウダーだよ

お鍋ひとつで「クラムチャウダー」

¥ 今日のコスパ ¥
(調味料、米、光熱費含まず)

マカロニ入りクラムチャウダー
1人前……………………………250円

スープのもとでいろいろ具だくさんスープ

スープや鍋料理は、汁に溶けた「栄養」を無駄なくまるごと食べられます。キャベツの芯、はんぱな野菜、とにかく刻んでスープに入れれば、おいしく食べられます。

ひき肉
シーフード

丸鶏
がらスープ
うどん
スープ
ほんだし
スープのもと
コンソメ

スープの出汁はコンソメ、鶏ガラスープの　他に、かつお節や昆布の和風の出汁もスープのベースになります。

スープに市販のルーをちょい足しするととろみがついて濃厚になります。カレーを入れれば「スープカレー」に。シチューのルーを混ぜれば「ポタージュスープ」にスープとシチューを線引きせず、柔軟に料理してみよう。

カレー
顆粒
シチュー
クリーム
100%
PARMESAN

おでんのつゆに
カレールーを足したら
「スープカレー」の味に

冷凍野菜や
タッパーサラダを
プラスするだけ

「ちょい足しでヘルシーメニューに」

テイクアウトの

牛丼

＋

具だくさん味噌汁

ファーストフードの

唐揚げ

＋

タッパーサラダ

ポテトやドリンクのセットではなく単品で頼むだけで大幅カロリーダウン

タンメンじゃん

カンタン調理

袋ラーメン

＋

冷凍野菜

冷凍野菜とラーメンを一緒に煮込むだけで野菜不足解消

第三章

ひとり暮らしを楽しく、快適に過ごすために

実際ひとり暮らしの食費ってどのくらい？

飲み会の会費集めます
飲み会が多くて赤字になりそう…
ひとり暮らしだよね食費ってどのくらい？
外食ばっかりだけど安いところでしか食べてないし…
朝はコンビニでパン昼は牛丼、夜はカレーコーヒー、お菓子
発泡酒とか…1日3000円くらい食費使っているかな…
1日3000円って…月にすると9万円だよそれに、あんまり健康的じゃないし…
確かに太ったし…
みんな、食費ってどのくらいなんだろ
食費は収入の約15％が理想
手取り17万円だったら
家賃だって安くはないし
約25000円か…
という事は…1日750円！これで3食！
えっ！
今日は850円のランチとペットボトルの水買ったから…

すでに赤字かよ！
現実逃避したくなった…
とも姉の食費って
どのくらい？
食費は1週間単位で決めてるかな…
さいふの中は5000円くらいかな
買い物はスーパーや八百屋さんで
食材や旬の野菜をまとめて買うでしょ
まとめて冷凍
ランチはお弁当
職場で煎れたお茶
水筒持参だから
ペットボトルを買うことはないよ
朝ごはん100円
お弁当200円
夕飯200円
くらいじゃないかな
1日500円
ひと月15000円
さすがとも姉!!

ストレスフリーで健康的節約

大卒の初任給の平均は約20万円、これは額面の給料。ここから、年金、保険料やら税金 やら引かれます。例・20万円ー(2万8942円+3770円)=16万7288円となります。「手取りって少ない!」というのは正直な感想ですが、これでも新入社員は、前年の所得から計算される住民税が引かれていません。2年目から額面が20万円のままだと、手取りはさらに少なくなります。家賃は収入の30%以内、食費は15%が理想とされています。だけど現実は、お風呂付きの部屋じゃないと困る、スキルアップのための費用がいるとか、必要経費と譲れない部分は人それぞれ。そうなると「稼いだお金」を活かすも殺すも「やりくり」次第。かといって、やみくもに節約するのは心と体にストレスになるだけ。目指すは「ストレスフリーで健康的な節約」まずは、何となく使ってしまう「ムダ遣い」をなくしましょう。

項目	給料手取り17万の場合
住居費	¥60,000
水道光熱費	¥10,000
食費	¥30,000
通信費	¥10,000
交通費	¥5,000
生活用品	¥2,000
小計	¥117,000
交際費	¥15,000
教養娯楽	¥10,000
被服／美容	¥10,000
予備費	¥8,000
残り 貯金	¥10,000
小計	¥53,000
合計	¥170,000

※ 厚生労働省 平成30年 賃金構造基本統計調査結果・参照

お弁当は自信がないから
ランチ ¥800 × 15 日 =¥12000
残り ¥18000 を自炊にまわそう

私は節約した分、好きな
本を買ったり、ひとり旅
の費用に当てているんだ

家計簿アプリで
管理しようかな
イイネ〜

給料日前こそ自炊でピンチを乗り切ろう

SALE
このままでは餓死してしまうかも
おなかすいたぁ
都会のかたすみで孤独死
いっぱい買っちゃった
バーゲンでゲット
人はそんなカンタンに死なないよ
とも姉ぇ
給料日まで一週間あるのに
やばっ
冷蔵庫にはなに残ってる？
納豆
卵
とうふ
キムチ半分
常備菜もない
スカスカ
やばっ
防災を兼ねた備蓄食品もあるし
ツナ
さば
やきとり
ごはん
カレー
スパゲティ

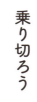

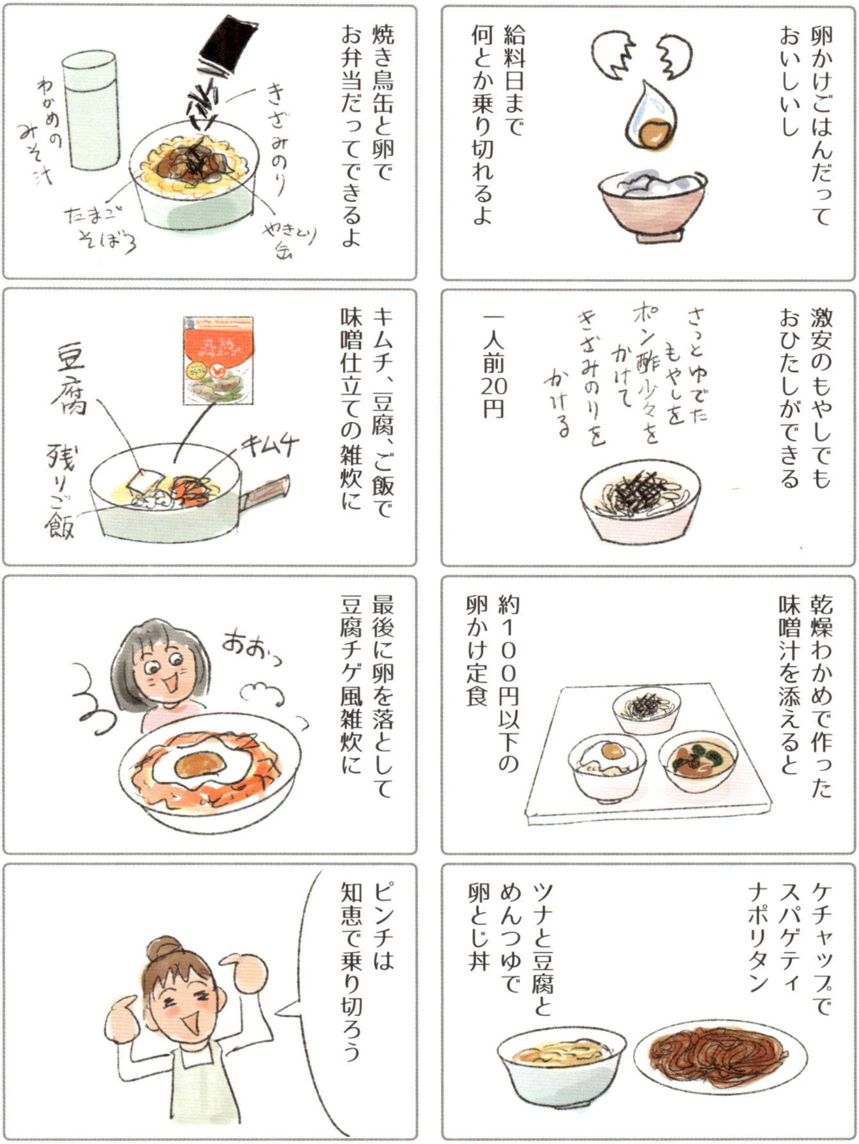
卵かけごはんだって
おいしいし
給料日まで
何とか乗り切れるよ
激安のもやしでも
おひたしができる
さっとゆでた
もやしを
ポン酢少々を
かけて
きざみのりを
かける
一人前20円
乾燥わかめで作った
味噌汁を添えると
約１００円以下の
卵かけ定食
ケチャップで
スパゲティ
ナポリタン
ツナと豆腐と
めんつゆで
卵とじ丼
焼き鳥缶と卵で
お弁当だってできるよ
きざみのり
やきとり缶
たまごそぼろ
わかめのみそ汁
キムチ、豆腐、ご飯で
味噌仕立ての雑炊に
豆腐
キムチ
残りご飯
最後に卵を落として
豆腐チゲ風雑炊に
おおっ
ピンチは
知恵で乗り切ろう

「砂糖不使用」に隠されたワナ

モノによっては
砂糖より怖い
影響があるものも
太るより怖い
脳腫瘍や肝機能障害
免疫システムを
乱したりして…
ドリンクバーで
おかわり
おかわり
ガブガブ飲むって
ヤバイね
マジ
こわい
ホント
砂糖のとり過ぎって
肥満人口
6億人
Big
世界的に
問題になっていて
コーラじゃなくて
果汁100%
オレンジジュースに
しよっと
世界保健機構
WHOが定めた
砂糖の摂取ガイドラ
インは大人で
1日25グラム以下
角砂糖だったら
6個分以下なんだよ
でも果汁にするには
結構な量の果物が
使われているから
果糖、つまり果物の
砂糖のとり過ぎになるか
ら要注意だよ
ちなみに
スポーツドリンク
ペットボトルで
500ml
角砂糖
だったら
8個分

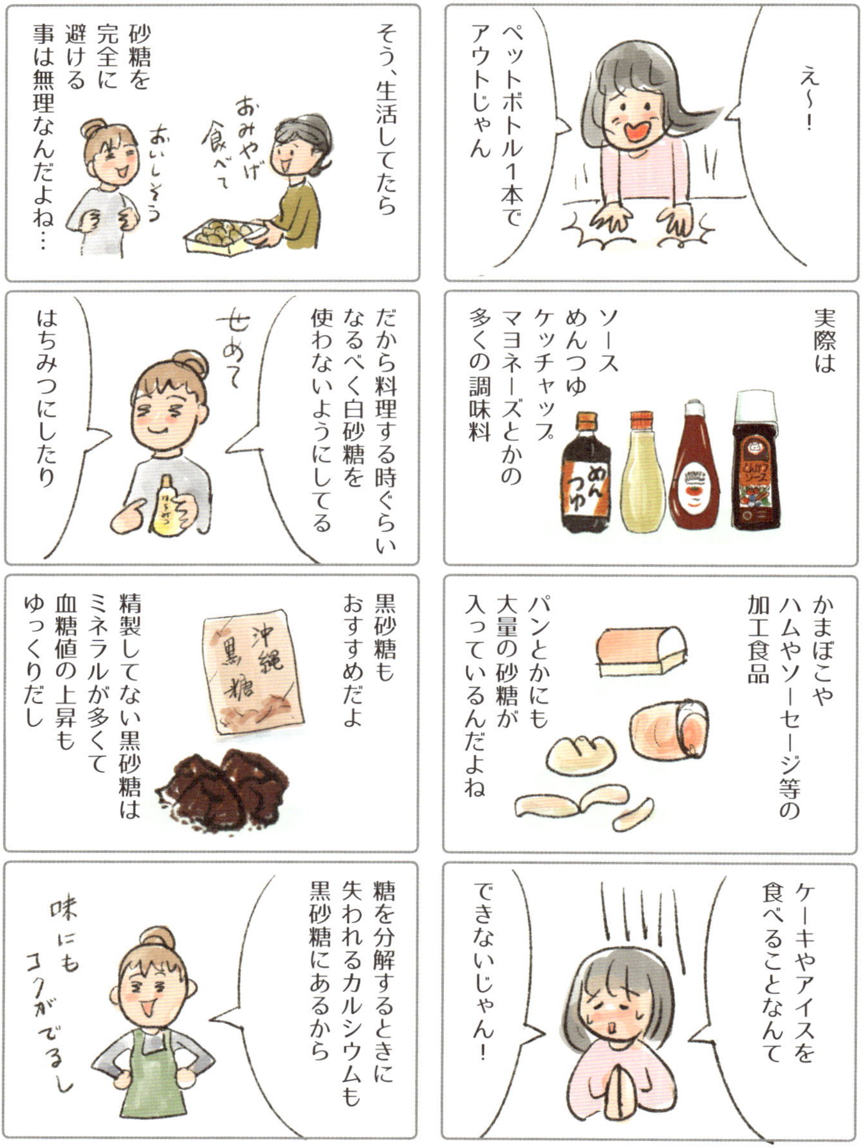

え〜!

ペットボトル1本で
アウトじゃん

実際は
多くの調味料
ソース
めんつゆ
ケチャップ
マヨネーズとかの

かまぼこや
ハムやソーセージ等の
加工食品

パンとかにも
大量の砂糖が
入っているんだよね

ケーキやアイスを
食べることなんて
できないじゃん!

そう、生活してたら
砂糖を
完全に
避ける
事は無理なんだよね…

だから料理する時ぐらい
なるべく白砂糖を
使わないようにしてる

せめて
はちみつにしたり

黒砂糖も
おすすめだよ

精製してない黒砂糖は
ミネラルが多くて
血糖値の上昇も
ゆっくりだし

糖を分解するときに
失われるカルシウムも
黒砂糖にあるから

味にもコクがでるし

私たちの身体は、食べたもので出来ています。
血も筋肉も脂肪もお肌も、身体のすべてです。

なにげなく飲んだそのソフトドリンクに
砂糖何杯分入っているか、考えてみましょう。

なにげなく食べている
フライドポテトはどういうふうに
作られているか考えてみましょう。

なにげなく買っている加工食品を
裏返して添加物をチェックしましょう。

やがて自分の身体になるのだから
食べ物に感心をもつことから、
小さな選択が始まります。

サプリはごはんの代わりになりません！

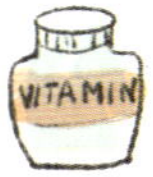
VITAMIN

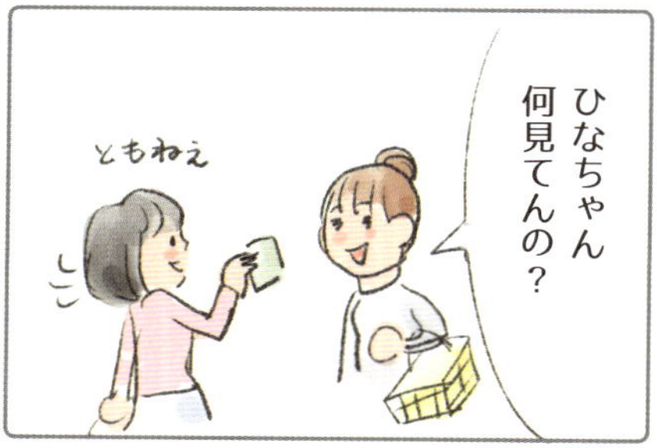
ひなちゃん何見てんの？
ともねえ

ドラッグストアでお買い物
野菜不足のあなたに
お肌にいい♡
つかれに
ダイエット
美容
栄養を考えたらこういうの食べたらいいかなって
ごはんの代わりになるし
サプリに栄養補助食品か
私も最近栄養の事考えているからな〜
！
VITAMIN
VITAMIN
マルチビタミン
ビタミン青汁
サプリン
栄養補助食品って
読んで字のごとく栄養の補助だからね…
結構な値段だね〜
そうだ食事の代わりにこれを食べればいいか
いい考え
補助という事は主役が別にあるって事
毎日の食事があくまでも主役だからね
主役はわたしです
ごはん

でもビタミンCはどうかな…お肌にもいいって
いっぱい摂るときれいになれそうな気がするんだけど
ビタミンCは
野菜や果物に含まれているの知ってるよね
ビタミンC
新鮮な野菜を摂れない南極観測隊員が
生野菜食べたい〜
栄養補助としてビタミンCを摂るって考えればわかりやすい
それからビタミンCの1日の必要摂取量って決まっているから
余計に摂っても余分な分は尿で排出されてしまうの
ビタミンC
ビタミンCみたいな水溶性のビタミンならいいけど
水に溶ける性質
油に溶かすと書いて脂溶性のビタミンは
ビタミンA
ビタミンD
ビタミンE
過剰成分が体内に残ってしまうので注意が必要だよ
体内に残るって？
脂肪や肝臓にたまるんだよ
過剰摂取から副作用が起こる可能性もあるの
2倍飲めば2倍元気になる？
加工品は濃縮している分とり過ぎに注意しないと

なんのための
サプリなのか
が〜ん
わかんなくなるね…
健康食品とか
トクホとか
サプリとか
ダイエット食とか
雰囲気とか
おしゃれとかで
やせて
きれいになる
安易に
飛びつかないことね
本当に必要か
どうかとか
よく考えて
基本は
食事で栄養をとる
例えばピーマンは
レモン果汁より
ビタミンCが豊富だし
パプリカなんかは
一切れで1日分の
ビタミンCが摂れるよ
最高のサプリは
野菜売場に
あるのね
そういうこと!

ところでミネラルってどういう栄養？
いまさらですが
人にとって欠かせない栄養素で…
ナトリウム、マグネシウム、リン、カリウム、カルシウム、クロム、マンガン、鉄、銅、亜鉛、セレン、モリブデン、ヨウ素
ミネラルは、骨や体の組織を構成したり、
体の調子を整えたりする働きがあるの
イキイキ
たとえばこれが欠けると亜鉛
味を感じなくなる味覚異常を起こしたり
？
男性の場合は精子の働きが悪くなっったりして
え〜
不妊の原因にもなるんだよ
ミネラルは少しでいい、だから毎日の食事で摂るのが大事
ちなみに亜鉛を多く含む代表は牡蠣だね
あと納豆、油揚げ、きな粉
ナッツ類、チーズとかにも含まれているよ

ミネラルも
必要な栄養だけど
摂り過ぎてもいけない
食品だけだったら
とり過ぎの
心配ないけど
食べきれません
ぎゅっと濃縮された
サプリメントは
摂り過ぎが注意
なんだよね
とにかく
健康食品とか
サプリとかは
ごはん代わりに
ならないから
ハイ
下ごしらえのいらない
焼き鳥を使った
レバニラ炒めを作ろう
たれ
レバー
レバーはタレ
もやしとニラは
洗って
もやし
ニラは切っておく
レバーは
クシから外して
外しにくい時は
レンジで
あたためて
野菜に火が通ってから
レバーを混ぜて
塩コショウで仕上げる

「ミネラル・ビタミン・鉄分・強化メニュー」

くさみもないし
レバーおいしい
ビタミンCと一緒に食べるから
吸収率もアップ!!

¥ 今日のコスパ ¥
(調味料、光熱費含まず)

焼き鳥でレバニラ炒め…… 約220円

小松菜は「鉄分」「カルシウム」「食物繊維」すべて補える

栄養不足っ

知っていますか？
厚生省調べで※
野菜の摂取量は

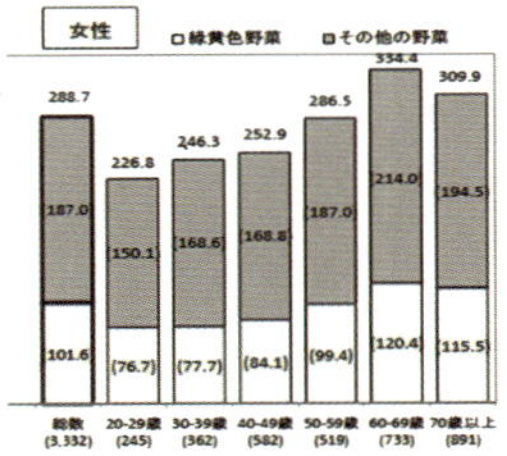
女性
□緑黄色野菜
□その他の野菜
288.7
187.0
101.6
226.8
150.1
76.7
246.3
168.6
77.7
252.9
168.8
84.1
286.5
187.0
99.4
214.0
120.4
309.9
194.5
115.5
総数 (3,332)
20-29歳 (245)
30-39歳 (362)
40-49歳 (582)
50-59歳 (519)
60-69歳 (733)
70歳以上 (891)

20代の女性が一番
野菜を摂っていないと
いう事実

ポテチ

目標値の
約6割しか食べてない

20代
60代

カルシウム摂取量も
20代女性が最低
必要量の約6割です

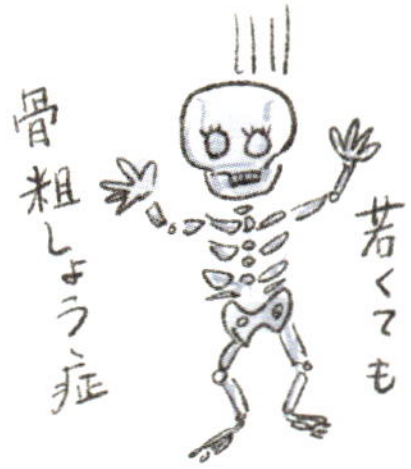
若くても
骨粗しょう症

必要量の約6割です

若い女性の
不足している3つの
栄養素は

鉄分
カルシウム
食物繊維

小松菜は
パーフェクト

子どもの頃と違い

手作り
家庭料理
栄養を考えた
給食
量が決まっている
おやつ

自分で
栄養管理しないと

カロリーは足りて
栄養が足りないという

太った〜

新型栄養失調を
引き起こします

砂糖の摂り過ぎは、骨からカルシウムを奪います。
加工食品の摂り過ぎは、
私たちの大切な酵素を消費します。
添加物は、ミネラルの吸収を阻害します。
繊維質の足りない食事は、腸内環境を渋滞させ
便秘や肌荒れ、肥満をおこします。

野菜不足、カルシウム不足、繊維質不足、
ミネラル不足 ...
若い時は無理がきいて
なんとかなったりします。
しかし5年後、10年後、
体調不良を引き起こします。

3回のご飯のうち、1回だけでも
「自分の体のためのご飯」を食べましょう。
基本は、緑の野菜・根菜類・海藻・キノコ類
小魚・発酵食品・味噌汁・ごはん
昔ながらの日本の食事です。

完璧でなくても、マンネリでもいいのです。
本来、お家のごはんってそういうものです。

※平成29年 国民健康・栄養調査 厚生労働省調べ

風邪の引き始めにはショウガです

はっくしょん!!
風邪？
風邪ひきそうだから解熱剤買っていこうかと思って
特効薬を作ってあげるから人混みは避けてさっさと帰ろう

まず手洗いうがいを丁寧に
ガラガラ
お風呂は入ったほうが気持ちいいし鼻もスッキリするよ
残り湯は流さないで湯気も利用するから
ぬるめの湯でゆっくり
すりおろした生姜と味噌を溶いた「ショウガ湯」どうぞ
生姜
みそ
小さじ1
ひとかけ
おいしい
髪を乾かしてベッドに直行
お風呂場のドアは開け放して残り湯で加湿ワンルームならではの加湿システムだよ※
ポカポカだ～

風邪で発熱するのは、ちゃんと意味がある

バイ菌やウイルスは、
低い体温の中ではどんどん増えます。
逆に菌と戦う白血球は、
体温が上がると活発になります。
発熱は病原体を攻撃し、死滅させるための
体の防御反応なのです。

ウイルスに直接効く薬はまだありません。
薬は鼻水を止める、熱を下げるという
その場しのぎの対症療法でしかありません。
解熱剤を飲んで、むやみに発熱を抑えたりすると、
風邪が長引き、回復が遅れることもあります。

体温を上げて体の免疫力を高めて風邪を撃退しましょう。
「たまご酒」「ホットワイン」「生姜紅茶」
世界中にある民間療法は、体を温めるものが
多いのもうなずけます。
また食欲がなくなるのも、
消化に使うエネルギーを節約するため。
体がバイ菌やウイルスと、
全力で戦っている証拠です。
人間の体って、うまくできているんです。

※風邪が長引くようだったらお医者さんにかかることをおすすめします。

温かい豆乳でよい睡眠を

交感神経というのは
活動、緊張、ストレス
主に昼間に働く神経
ドキドキ

副交感神経は
リラックス、睡眠中
入浴、食事
回復や修復の神経
ゆったり

ようするに
交感神経と
副交感神経の
バランスが大切

良い眠りのためには
副交感神経を高める事が
必要です
ぬるめの
お風呂でゆっくり

寝る前は
パソコンやスマホなどの
光源を見ない
部屋の明かりを
おとす
ギンギン

寝る前は
ノンカフェインの
飲みもの
温かい豆乳がおすすめ
豆乳は睡眠中の細胞の
回復をしてくれるんだよ

毎日のルーティンを
決めるのもいいよ
静かな音楽や
いい香りのクリームなど
クリームのついでにマッサージ

眠りのための良い習慣

女性ひとりで生きていくには、
ストレスがいっぱい。
5人にひとりは不眠に
悩まされているといわれてます。

睡眠は身体の休息はもちろん、
脳が休息するための大切な時間です。
睡眠不足は、さまざまな病気を
引き起こす原因にもなります。

良い睡眠のためには、
就寝する約1時間前から脳を
リラックスさせることが大切です。

勉強や仕事など頭を
酷使するような作業は避けて、
お気に入りの音楽を静かに流したり
軽めの雑誌や本を
読んだりするのも良いでしょう。

思わぬところに潜んでいる台所のキケン

電子レンジって調理道具としても使えるね！
ところで電子レンジってどういう仕組みなの？
えっ？ そこから
簡単にいうとマイクロ波が食品の中の水に働きかけて
食品の内部から熱を発生させるの
密封された食品や卵とか魚肉ソーセージは
爆発するから気をつけて
場合によってはレンジも破壊する重大事故に
バーン
こわっ!!
そういえばタラコもそのままチンしたら爆発した
電子レンジの中が汚れて最悪だった！
庫内の汚れからも発火する原因になることもあるから
掃除はしっかりね

あと牛乳や豆乳で
爆発するくらい
沸騰する事も
あるから慎重にね
アルミホイルのような
金属箔は電流を発生して
火花が出たり
燃えちゃったりするよ
ホイル焼き
金色の模様の入った
陶器も
要注意!
金の模様が、ハゲたり
焦げたりするから
バチバチ
ナニッ
あと、激せまキッチンに
ありがちな
ひとくち電気コンロで
操作つまみが
飛び出ているタイプは
要注意!
台所の前を通った時
カバンなどで
つまみに
触れて
電気コンロに
スイッチが入り
ヨッシャ行くぞ
シリアル
コンロの上に置いた
モノに火がついて
火事になったんだよ
コンロに問題あり
ってことで
改修されたんだけど
シリアル
改修されずに
そのままって事も
あるから
激せまキッチンで
電気コンロのある人は
絶対に確認してね!

料理は思いやりが大切

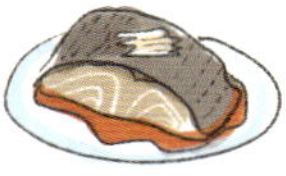

ほうれん草って
子どものころ
嫌いだったんだ
今は好きだけど
ほうれん草の
おかずが出てくると
文句言ってたし…
食欲が…
わかない
色だし
うちの母親って
嫌いなものでも
平気で出して
くるんだよ
体に良い
から食べろ
って?

…それが、一切
言わないんだよ
ただ…
目の前でやたら
おいしそうに
食べちゃうんで
かつおぶしで
食べると
うまっ
ある日
気の迷いで…
ひとくち
あじみ
…って
一口食べたら
あれっ
おいしいじゃん

ワハハ…
ひなちゃんのお母さん偉いわ!
無理やり食べさせられたら絶対、嫌いになるもんね
ひとり暮らしをして初めてわかる事あるよ…
母親が忙しい中出してくれた料理に
ごはんなーに?
食わず嫌いだったり
煮魚いらな〜い
文句言ったりしていたけど
たまにはおいしいもの食べたい〜
家族の健康を一番に考えて作っていたんだなって
だね〜家庭料理ってなにげに飽きないし

家庭料理や給食とか たくさんの人たちの 思いやりで
栄養士さん
健康な体が できていたんだよね
えっ
だれ
ひなちゃんだよ つまり ひなちゃん自身
つまり… 家庭料理は
思いやりだね
ひなちゃんが輝く ためには
何は なくとも 健康が必要でしょ
私は思いやる 家族も彼氏も いないからな～
料理しない 言い訳ですが
自炊しても外で食べても
体重管理も 体調管理も 自己責任だから
いるよ！ いるいる 一番 大事な人
世界で 一番大事な人
未来の自分への 思いやりか…
キャリア ウーマン
そう だいじ だいじ

おいしいもの、新鮮なもの、安く、
毎日、たくさん、食べたいという
人間の欲求。
それに応えるかのように
新しい食品が生まれています。
環境にも影響が及んでいます。

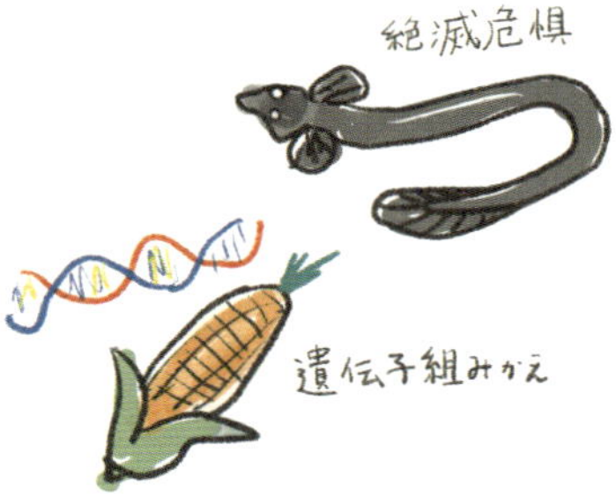

かつて食事は
“ハレ”と“ケ”がありました。
ハレの食事は、肉や魚、菓子など
特別な時のごちそう。
普段の質素な食事がケの食事。

現代は、毎日が「ハレの食事」。
その結果、食べ過ぎによる病気も
多く発生しています。

食事を通して、自分の体を含め
環境問題も考えていかないと
いけない時代になってきています。

あとがき

私の初めてのひとり暮らしは、風呂なし、トイレ共同、4畳半。
部屋の入り口に、小さな流しとひとくちコンロ。
まさに朝ドラに出てくるような、昭和の木造アパートでした。
近所には、コンビニもスーパーもなかったので、八百屋さんやお肉屋さんで買い物をして、料理をしないと食事にありつけませんでした。
ひとくちコンロでカレーを煮たり、
卵焼きを作ってお弁当に入れたり…
冷たい水しか出ない流し台は、
凍えながらお茶わんを洗ったり、歯を磨いたり…
今思うと"ちょっとだけ不便だった時代"のおかげで
最低限のご飯を作る技術を習得できました。
今は24時間、安くて、おいしいものが買える時代。

ごはんが炊けなくても、料理が出来なくても、なんとかなります。
誘惑が多い分、今のほうが大変かもしれません。
自分でごはんを作る事は「生きる」事です。
ひとり暮らしの女の子だけでなく、　共働き、頑張っている社会人、大学生、この本を手にとっていただいた全ての人の、おいしく、安く、無駄なく、健康的な食生活のヒントにしていただけたら幸いです。
編集の神谷さん、ジャストミートな感想が励みになりました　厳しい時間の中、ステキなデザインをしてくれたカワチさん。　私生活では見事なキャラ弁を作る、カメラマンの内海さん。　いつも細かいサポートをしてくれる、マネージャーの洋子さん。　この本に関わった全ての人々に感謝いたします。
最後に、激せまキッチンでひとり暮らしの娘、ミキにも感謝。　あなたがいなかったら、生まれなかった「本」です。　サンキュー。

草野　かおる

草野かおる

イラストレーター／防災士

セツモードセミナーを卒業。出版社勤務の後イラストレーターとして活動。夫と2人の娘あり。雑誌（健康、マタニティ、ベビー、料理関係など）を中心にカットやイラストルポなど手がける。PTA、自治会を通じて16年に渡り防災勉強会や防災訓練などで防災活動に関わったことを生かし、東日本大震災の数日後、ブログにて発信を始め、現在はツイートも積極的におこなっている。2018年には防災士の資格を取得。防災について、講演をおこなうほか、テレビやラジオの出演も。著書・共著に「4コマですぐわかる 新 みんなの防災ハンドブック」「おかあさんと子どものための防災 & 非常時ごはんブック」「「食事」を正せば、病気、不調知らずのからだになれる ふるさと村のからだを整える「食養術」」（以上ディスカヴァー・トゥエンティワン刊）「伊豆の山奥に住む仙人から教わったからだがよみがえる「食養術」：ダメなボクのからだを変えた 秋山先生の食養ごはん」（徳間書店刊）がある。ゆるっとした食養ごはんの写真をインスタグラムで公開している。本書では原稿・執筆から、調理まで、すべておこなった。

ブログ：大地震に生き残るヒント　http://ikinokoru.info/
ツイッター：@ kaorutofu　インスタグラム：@ kusanokaoru
激せまインスタグラム：@gekisema_gohan

問い合わせ先：オフィスカンノン　info@kannon.info

Staff

ブックデザイン：カワチコーシ（HONA DESIGN）

撮影：内海裕之

プロップ：momo

編集協力：山田洋子（オフィスカンノン）

激せまキッチンで楽ウマごはん

発　行　日　2019年12月15日
著　　　者　草野かおる
統括編集長　大木淳夫
編　　　集　神谷里菜
発　行　人　木本敬巳
発行・発売　ぴあ株式会社
〒150-0011
東京都渋谷区東1-2-20
渋谷ファーストタワー
編集 03(5774)5262
販売 03(5774)5248
印刷・製本　株式会社シナノパブリッシングプレス

ISBN978-4-8356-3951-2